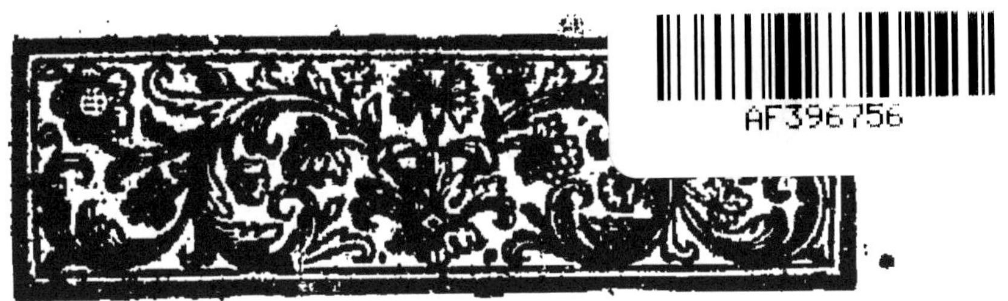

AU ROY,

IRE,

La protection que
VOSTRE MAIESTE'

EPITRE.

a bien voulu accorder
à mes Voiages histo-
riques de l'Europe, à
procuré à la premiere
partie de cet Ouvrage,
le bon accueil qu'elle a
reçû du Public ; C'est,
SIRE, pour en marquer
ma tres-humble recon-
noissance à VOSTRE
MAIESTE', que je prens
la liberté de lui dedier
cette seconde partie, qui
n'a pas moins besoin de
sa protection. Quelque
sensible que je sois,

VOYAGES
HISTORIQUES
DE
L'EUROPE,

TOME II.

Qui comprend tout ce qu'il y a
de plus curieux en Espagne
& en Portugal.

A PARIS,

<table>
<tr><td rowspan="8">Chez</td><td>PIERRE AUBOUYN,</td><td>Quay des</td></tr>
<tr><td>Libraire & Imprimeur de</td><td>Auguftins,</td></tr>
<tr><td>Mgr le Duc de BOUR-</td><td>à l'Ecu de</td></tr>
<tr><td>GOGNE, & de M le</td><td></td></tr>
<tr><td>Duc d'ANJOU.</td><td>France &</td></tr>
<tr><td>ET</td><td></td></tr>
<tr><td>PIERRE EMERY,</td><td>à la Croix</td></tr>
<tr><td>CHARLES CLOUZIER.</td><td>d'or.</td></tr>
</table>

M. DC. XCIII.
AVEC PRIVILEGE DV ROY.

VOYAGES

HISTORIQUES

DE

L'EUROPE

DEDIEZ AU ROI,

CONTENANT L'ORIGINE, la Religion, les Mœurs, les Coûtumes & les forces de tous les peuples qui l'habitent, & une Relation exacte de tout ce que chaque Païs renferme de plus digne de la curiosité d'un Voiageur.

EPITRE.

SIRE, à toutes les gra-
ces de VOSTRE MA-
JESTE', & quelque sujet
que ses Victoires me
donnent de publier sa
gloire, dont l'éclat aug-
mente à mesure que le
nombre de ses ennemis
grossit, je demeure dans
le respectueux silence que
je me suis prescrit ; &
je laisse à la Renommée
le soin de publier les
Actions Heroïques de
VOSTRE MAJESTE',
qui remplissent toutl'U-

EPITRE.

nivers de crainte, d'é-
tonnement & de respect.
Je me contenterai, SI-
RE, d'admirer la Sagef-
se qui préside dans vos
Conseils, la Valeur qui
regne dans vos Armées,
& la Puissance qui fait
triompher la France de
tous les Princes liguez
injustement contr'elle.
Que le Ciel, SIRE, en
conservant vôtre Per-
sonne Sacrée, continuë
de favoriser la Justice de
vos Armes; que la suite

EPITRE.

de cette guerre soit une suite de Conquêtes, & que vos Ennemis soient forcez d'accepter la Paix que VOSTRE MAIESTE' veut proccurer à l'Europe. Ce sont les vœux continuels que fait,

SIRE,

POUR VOSTRE MAIESTE',

Son tres-humble, tres-obéïssant & tres-fidelle sujet & serviteur,
JORDAN.

AVIS
AU LECTEUR.

C'EST ordinairement dans la lecture des Voiages où l'on prend une connoissance parfaite de l'Origine, de la Religion, des Mœurs, des Coûtumes & des Forces des Païs Etrangers, qu'on ne peut acquerir sans de longues études, ou

ſans des dangers auſquels
tout le monde ne s'ex-
poſe pas.

Comme j'ai déja fait
connoître dans la Pre-
face de la premiere par-
tie de cet Ouvrage (à
laquelle je renvoie le
Lecteur) le but que je
me ſuis propoſé en don-
nant au Public, les re-
marques que j'ai recueil-
lies ſur les differens peuples de l'Europe, & ſur
les curioſitez les plus remarquables de chaque
Etat, je n'en ferai pas
ici une repetition ; je

dirai feulement, que je
me fuis beaucoup plus
étendu fur le Gouverne-
ment, fur les Mœurs &
fur les Coûtumes d'Ef-
pagne , que je n'ai fait
fur celles de France ;
parce qu'étant particu-
lieres à cette Nation ,
elles font moins connuës
chez fes voifins : au lieu
que les Manieres Fran-
çoiles ne font prefqu'i-
gnorées de perfonne ,
& qu'on trouve peu de
Cours polies en Europe,
où elles ne foient à la
mode. Comme le fuc-

cez du premier Volume
à ſurpaſſé mes eſperan-
ces, par la quantité qu'on
en a debité en moins de
deux mois ; par deux E-
ditions qu'on en a faites
dans les Païs Etrangers,
où on l'a traduit en Fla-
mand, & par la Traduc-
tion Angloiſe que je
viens d'apprendre qu'on
en a fait à Londres : j'ai
des raiſons pour croire
que celui-ci ne ſera pas
moins bien reçû. Et ſi
l'Eſpagne, nonobſtant ſa
ſterilité a pû me four-
nir de la matiere pour

remplir ce Volume, l'a-
bondance & la fertilité
d'Italie rendront le troisiéme Tome plus fecond
en belles remarques,
veu que c'est la partie
de l'Europe où la Natu-
re étale le plus de mer-
veilles, & qui étoit au-
trefois la grande Ecole
des Arts & des Scien-
ces.

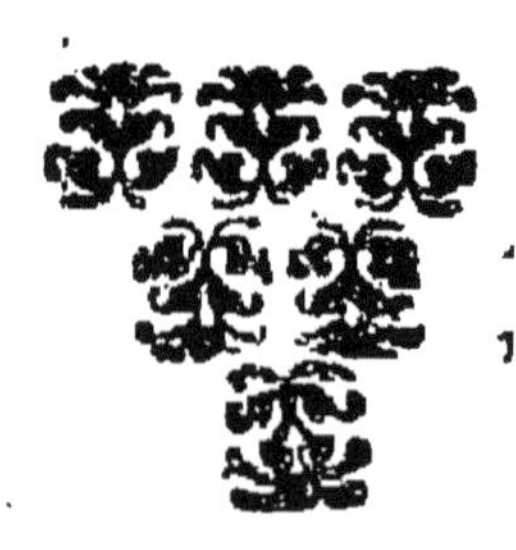

TABLE

DES CHAPITRES
de ce Volume.

Table

CHAP.

E

Fin de la Table.

trefaits, & de tous dépens, dom-
mages & interêts, ainsi qu'il est
porté plus au long par ledit Privilege.

*Regiſtré ſur le Livre de la Com-
munauté des Libraires & Impri-
meurs de Paris, le 12. Aouſt 1692.
Signé, P. AUBOUYN, Syndic.*

Achevé d'imprimer ce volume
pour la premiere fois, le 15. Novembre 1692.

Les Exemplaires ont été fournis.

VOIA-

MER OCEANE

L'ESPAGNE
Divisée en GALICE ASTURIES BISCAYE,
NAVARRE, LEON, VIELLE et NOUVELLE
CASTILLE, ARRAGON, ANDALOUSIE, MURSIE,
VALENCE et CATALOGNE avec LES ISLES
MAJORQUE, MINORQUE et YVICA au Roy d'Espa:
LE PORTUGAL et L'ALGARVE au Roy de Portugal
Par N. de Fer Geographe de Monseigneur le Dauphin.

MER OCEANE

GALLICE
ASTURIES
BISCAYE
HAUTE NAVARRE
LEON
ARRAGON
CATALOGNE
Barcelone
CASTILLE VI.
MADRID
TOLEDE
CASTILLE NOUVELLE
PORTUGAL
LISBONNE
Valence
ISLE MINORQUE
ISLE DE YVICA
YVICA
ISLE MAIORQUE
ANDALOUSIE
MURCIE
ALGARVE
Seville
GRENADE
Cap de Palos
Cap de Gates
Cap de St Vincent
Destroit de Gibraltar
Gibraltar
AFRIQUE

MER
MEDITERANÉE

Echelle
5. 10. 15. 20.
Vingt Lieües de France
ou Quinze d'Espagne

C. Inselin Sculp.

VOIAGES HISTORIQUES DE L'EUROPE.

CHAPITRE PREMIER.

De l'Espagne en general.

'ESPAGNE, en y comprenant le Portugal, dont je parlerai à la fin de ce Traité, est une Presqu'isle,

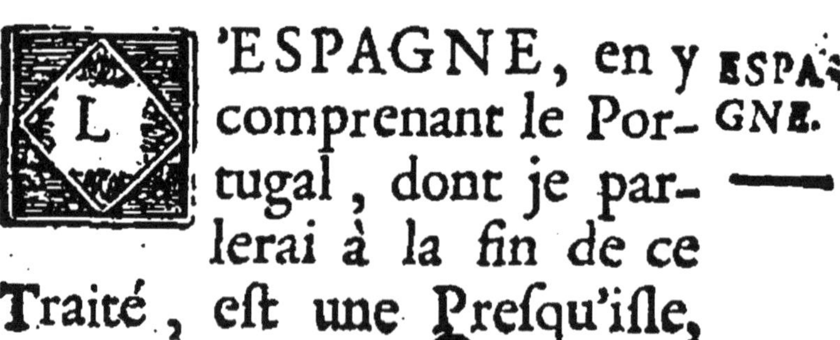

Tome II.　　　　　　　　　A

ESPA-
GNE,
située à la partie la plus occi-
dentale de l'Europe, entre le
neuviéme & le vingt-quatrié-
me degré de longitude , &
entre le quarante-troisiéme &
le quarante-cinquiéme de latitude Septentrionale. Elle est
jointe au reste de l'Europe
par une chaîne de montagnes
qu'on appelle les Pirenées,
qui la séparent de la France ;
de maniere qu'elle a pour
bornes l'Ocean au Septen-
trion , & à l'Occident ; la mer
Méditerranée au Midi, & les
monts Pirenées partie au Septentrion & partie à l'Orient.

Son étenduë à la prendre
depuis le Cap de Finistere en
Galice, jusqu'à celui de Creux
en Catalogne, peut avoir deux
cents vingt lieuës ; depuis le
Détroit de Gibraltar, qui joint

la mer Oceane avec la Me-
ditérranée , & qui separe
l'Efpagne de l'Affrique , jufqu'au Détroit de las Penas en
Afturie, on compte environ
cent foixante-dix lieuës ; mais
fa plus grande longueur depuis le Cap S. Vincent dans
les Algarves , jufqu'en Rouf-
fillon, eft d'environ deux cens
foixante lieuës.

L'Efpagne fut connuë au-
trefois par les Romains fous le
nom d'Iberie, à caufe du fleu-
ve d'Ebre, qui en Latin s'appelle *Iberus* ; quelques Auteurs veulent qu'elle ait tiré
fon nom d'Efpagne de la ville
de Seville, que les Latins nomment *Hifpalis* , & d'autres
que le Roi Hifpanus ou Hif-
pan fils d'Hercule, lui donna
fon nom, lors que fon pere

lui en confera le gouvernement l'an du monde 2263.
Comme cet Hispan mourut
du vivant de son pere, on ne
le met pas au nombre des Rois
d'Espagne ; l'histoire nous apprend qu'elle fut d'abord peuplée par les enfans de Japhet,
ainsi que tous les autres païs
de l'Europe.

Les Mers & les Montagnes
innaccessibles, dont l'Espagne
est environnée, ne l'a pas em-
pêchée d'être la proie des
Etrangers ; elle a été subju-
gnée par les Celtes, les Rho-
diens, les Phéniciens, les
Carthaginois, les Romains,
les Vandales, les Sueves, les
Gots & les Maures qui n'en
ont été chassez que depuis
deux siecles, comme je le dirai plus bas.

Quoi-que l'Espagne soit presqu'environnée de Mers, elle n'a pas une abondance de bons Ports ; les plus considerables font ceux de Cadix, de Cartagéne, d'Alicant, de la Corune, le Passage, Saint André & Bilbao. Palos en est un autre qui n'est renommé qu'à cause que Christophe Colomb s'y embarqua lors qu'il entreprit son premier voiage pour la découverte des Indes Occidentales : On y compte cinq fleuves ou grandes rivieres, qui ont tous leurs sources en Castille, sçavoir l'Ebre, le Tage, le Duero, le Guadalquivir & la Guadiane, qui, dit-on, se perd dans la terre pendant plus d'une lieuë, & donne occasion aux Espagnols de dire qu'ils ont

Ses Ports.

Ses Rivieres.

un pont sur lequel on fait paſ
tre dix mille moutons, & où
l'on peut faire marcher une
armée en bataille : cependant
il eſt certain que cette Riviere ne ſe cache en nul endroit,
& les Cartes qui la repreſen-
tent autrement, n'en ſont pas
pour cela plus exactes. Comme l'Ebre a communiqué ſon
nom à l'Eſpagne ; que le Duero roule une plus grande
quantité d'eau & eſt plus poiſ.
ſonneuſe que les autres ; qu'on
trouve de l'or dans le ſable
du Tage , que le Guadalquivir
a plus de profondeur & traverſe le plus beau païs d'Eſpagne ; on dit communé-
ment , que l'Ebre l'emporte
pour le nom, le Duero pour la
force , le Tage pour la renommée , le Guadalquivir

pour les richesses, & que la
Guadiane se cache en terre,
pour n'avoir pas dequoi ré-
pondre à tout cela. Quoi-que
ce ne soit qu'une fable, les
Espagnols ne laissent pas d'en
faire une des trois merveilles
dont ils ornent leur Païs ; la
seconde est un pont sur lequel
on voit couler l'eau: c'est l'ac-
queduc de Segovie, & la troisiéme, une Ville enceinte de
murailles de feu : par celle-
ci ils entendent les anciennes
murailles de Madrit, qui n'é-
toient que de cailloux, des-
quels on tiroit du feu en les
frapant avec de l'acier.

Du tems que les Mores é-
toient maîtres de l'Espagne,
le Caliphe Valid-Almanzor,
Empereur des Arabes étant
mort, & sa race éteinte, les

ESPA-
GNE.

Gouverneurs des Provinces
d'Espagne, tâcherent chacun
de s'approprier l'étenduë de
leur Gouvernement, pendant
que les Chrêtiens s'établis-
soient de leur côté en divers
endroits : & c'est ainsi que s'y
formerent jusqu'à quatorze
Royaumes : il y en avoit cinq
Ses
Royau-
mes ou
Provin-
ces. sur l'Ocean qui étoient ceux
de Biscaye, d'Asturie, de Galice, de Portugal & d'Andalousie ; cinq sur la Mediterranée ; sçavoir, Grenade,
Murcie, Valence, Catalogne,
Majorque & Minorque : &
quatre dans le Païs, l'Arragon, la Navarre, Leon & la
Castille, qu'on divise en vieille & nouvelle. Lors de la dé-
cadance des Mores tout ce
Païs fut reduit à cinq Royaumes, aprés que Ferdinand

Roi d'Arragon eut joint le
sien avec celui d'Isabelle Reine de Castille qu'il épousa en
1474. Les autres étoient l'Arragon, la Navarre, Grenade
& le Portugal, & sous Philipe II. & Philipe III. tous
ces Royaumes n'ont reconnu
qu'un même maître : mais avant que d'entrer dans le détail de toutes ces Provinces ou
Roiaumes, j'ai resolu de donner un abregé dans le chapitre suivant, de la maniere &
du tems que les Mores sont
venus en Espagne & en ont
été chassez ; ce qui sera d'un
grand secours à ceux qui n'ont
pas lû les histoires d'Espagne,
pour l'intelligence de bien
des choses qui doivent entrer dans cet ouvrage.

CHAPITRE II.

*Quelle fut la cause du passage
des Mores en Espagne, &
comment ils en furent chassez.*

Usur-
pation
de Ro-
drigue.

DOn Rodrigue, que d'au-
tres nomment Rode-
rick, aiant usurpé le Roiaume d'Espagne sur Don San-
che son neveu, fils du Roi Vi-
tiza, dont il étoit tuteur, voulut faire mettre à mort ce jeune Roi, afin qu'il n'apportât
aucun obstacle à l'envie de
regner qui le dominoit ; mais
la Reine Anagilde sa mere,
trouva moien de l'enlever des
mains de ce Tiran, & de passer en Affrique, pour y chercher la protection des Mores ;

elle mourut peu de tems a-
prés avec son fils à Tanger :
& ainsi Rodrigue se vit pai-
sible possesseur de l'Espagne,
& ne s'appliqua, dans son oi-
siveté, qu'à la débauche &
à toute sorte de vices. Il avoit
envoié un des principaux Seigneurs d'Espagne, nommé le
Comte Julien, en Ambassade
en Afrique, pour empêcher
que la Reine Anagilde n'y
obtînt aucun secours ; & la
mort de cette Reine n'mpê-
cha pas qu'il n'ordonnât à
son Ministre d'y séjourner
jusqu'à nouvel ordre, pour
veiller à ses interêts pendant
qu'il menoit une vie tout-à-
fait debordée, faisant massa-
crer ceux de ses sujets qui a-
voient de belles femmes ou
filles, pour en joüir plus en

liberté. Son amour brutale le
porta un jour à forcer une des
belles filles de toute l'Espagne, nommée Florinde qui
étoit la fille du Comte Julien
dont je viens de parler ; elle
fut si outrée de l'affront qu'elle venoit de recevoir, qu'elle
en fit des plaintes à son pere
dans une lettre qu'elle lui é-
crivit pleine de douleur, qui
merite de trouver place ici,
quand ce ne seroit que par
les termes dont elle se servit
pour lui expliquer des choses
que la pudeur ne lui permettoit pas de dire ouvertement.

*Le regret que j'ai de l'absence
d'un Pere, qui m'est aussi cher
que vous le devez estre, me fait
chercher en vous écrivant, la
consolation que je ne sçaurois
trouver à vous voir. La nouvelle*

que je vous envoie, quoi-que
déja vieille dans cette Cour,
sera toûjours nouvelle pour une
fille comme moi, & paroîtra aux
yeux de tout le monde fort é-
trange pour un grand Prince
comme Rodrigue. Vous sçaurez
donc, mon cher Pere, que j'a-
vois laissé par mégarde sur une
table, la bague que je vous
envoie dans cette lettre, & n'a-
vois pas eu soin de bien serrer
comme je devois ce precieux
joiau que j'estimois plus que ma
vie, & que vous & ma mere
m'aviez tant recommandé: Lors
que le Roi, qui en a eu envie,
s'est jetté dessus avec impetuosité
pour le prendre; & comme il a
vû que je ne le lui voulois pas
donner, il a tiré son poignard,
& y a donné tant de coups, que
quelques cris & quelques ef-

forts que j'aie faits pour l'empê-
cher, il a, comme vous voiez, fen-
du en deux l'anneau & l'emerau
qui y était enchaßée. Un acci-
dent si fâcheux & si inopiné
me donne tant de confusion,
que je ne le sçaurois expliquer
davantage, & me fait vous
conjurer d'y donner remede s'il se
peut; car il n'y a que vous à qui
je me puiße adreßer pour cela;
ma mere se porte aßez mal &
moi encore pis; je prie Dieu qu'il
vous ait en sa garde, &c.

Le Comte Julien eut un
chagrin mortel, de l'affront
que sa famille venoit de recevoir; il le dissimula pourtant en homme d'esprit. Il
revint en Espagne, où en peu
de tems il forma un parti
considerable, tant de ses parens & amis, que des autres

Seigneurs mécontens ; mais ESPA-
GNE. comme ils ne pouvoient pas se vanger sans le secours de quelque Puissance Etrangere, Julien fit connoître au Roi qu'il étoit necessaire pour ses intérêts, d'envoier quelqu'un prés de Muça, qui, sous la qualité de Viceroi, gouvernoit en Affrique de la part du Grand Almanzor, & comme il n'y avoit personne à la Cour plus propre pour cet emploi que lui, il en eut bientôt la commission : mais avant d'en partir, il avoit par une feinte maladie de sa femme, qui étoit sur ses Terres à Algezire au détroit de Gibraltar, tiré sa fille de la Cour pour l'aller voir ; car il faut sçavoir que Rodrigue retenoit à sa Cour les enfans des plus grands Seigneurs du Roiaume, póur lui fervir d'ôtage de leur fidelité.

Toutes les mefures étant prifes, le Comte s'embarqua avec fa femme & fa fille, & fes meilleurs effets qu'il emporta en Affrique. Au lieu d'y fervir le Roi fon Maître comme autrefois ; il reprefenta à Muça les fujets de mécontentement que ce Monarque donnoit à fes peuples, & offrit de livrer ce grand Roiaume, au Calife Almanzor, s'il vouloit y envoier une armée pour favorifer le parti des mécontens. Cette propofition fut goûtée par le Viceroi d'Affrique, qui l'aiant communiquée à l'Empereur fon Maître, envoia en Efpagne un petit corps de fix

mille

mille hommes de pied &
quelque cavalerie, sous la
condition d'un vaillant Capitaine, nommé Tariff Aben-
riet, natif de la Ville de Da-
mas, & du Comte Julien,
qui traverserent le détroit
d'Hercules, que ce Capitaine
nomma *Jubalfath*, & que nous
apellons *Gibraltar*. Les Mores
furent parfaitement bien reçûs par les vassaux du Comte
Julien, & en peu de tems tous
les mécontens du Roiaume
vinrent se joindre à eux. Cela
arriva l'an 712. ou 713. de nôtre salut.

Ces heureux commence-
mens enflerent les Affricains
de bonnes esperances, & Tariff qui en alla rendre compte
au Viceroi Muça, en reçût
bientôt un plus grand nombre

de troupes qui firent des pro-
grez surprenans, tant par le
mécontentement des peuples
envers Rodrigue, que parce
qu'il avoit lui-même fait dé-
molir toutes les fortes places
du Roiaume, afin d'ôter aux
Seigneurs qu'il chagrinoit, le
moien de lui faire de la peine : outre qu'il n'avoit point
de troupes reglées depuis
longtems, à cause de la profonde paix dont joüissoit le
Roiaume.

Tout cela embarassoit ex-
tremement Rodrigue, qui pour
surcroît de malheur n'avoit
point d'argent, pour mettre
promtement sur pied une armée pour opposer à ses ennemis ; dans cette extréme ne-
cessité, il resolut de faire ouvrir un lieu qu'on nommoit

la Tour enchantée, prés de
Tolede, où l'on difoit qu'il
y avoit un Trefor, que perfonne avant lui n'avoit ofé
rechercher.

Quoi-que ce que je m'en
vais rapporter paroiffe fabu-
leux, on eft pourtant forcé
de l'admettre pour une verité inconteftable, à moins de
s'infcrire en faux contre tous
les Hiftoriens qui ont traité
de l'Efpagne, & entr'autres
Abulcacim Tariff Abentariq,
qui a écrit en Arabe l'Hiftoire
des Conquêtes de l'Efpagne
par les Mores, dont on nous
a donné depuis peu d'an-
nées une Traduction Françoi-
fé : il en parle comme fçavant,
aiant été prefent à toute cette
expedition, & aiant appris
ce que je vais dire de cette

Tour enchantée, de la bouche de l'Archevêque Don
Oppas un des Generaux du
Roi Rodrigue, qui y entra
avec lui.

Cette Tour étoit entre
deux rochers escarpez à demi lieuë au Levant de To-
lede ; & au-dessus du rés de
la chaussée ; on voioit une cave fort profonde, separée en
quatre differentes voutes, au
travers d'une ouverture fort
étroite entaillée dans le roc,
qui étoit fermée par une porte de fer, qui avoit, dit-on,
mille serrures & autant de
verroux. Sur cette porte il y
avoit quelques caracteres
grecs qui souffroient plusieurs significations ; mais la
plus forte opinion veut que
c'étoit une prédiction de mal

heur à celui qui l'ouvriroit.

Rodrigue fit faire de certains flambeaux que l'air de
la cave ne pouvoit éteindre;
& aiant forcé cette porte, y
entra lui-même, suivi de beaucoup de personnes. A peine
eut-il fait quelques pas, qu'il
se trouva dans une fort belle
salle, enrichie de sculptúres,
au milieu de laquelle il y a-
voit une Statuë de bronze,
qui representoit le Tems, sur
un piedestal de trois coudées
de haut, qui tenoit de la main
droite une masse d'armes, a-
vec laquelle elle frapoit de
tems en tems la terre, dont
les coups retentissant dans
cette cave, faisoient un bruit
épouvantable. Rodrigue bien
loin de s'effraier, assúra
ce fantôme qu'il ne venoit

pas pour faire aucun desordre dans le lieu de sa demeure, & lui promit d'en sortir
dés qu'il auroit vû toutes les
merveilles de ce lieu-là, &
alors la Statuë cessa de battre
la terre.

Le Roi donnant courage
aux siens par son exemple, fit
une visite exacte de cette salle,
à l'entrée de laquelle il y avoit
une cuve ronde, dont il sor-
tit une espece de jet d'eau qui
faisoit un murmure aïeux.
Sur l'estomac de la Statuë é-
toit écrit en Arabe : *Je fais
mon devoir*, & sur le dos : *à
mon secours*. Au côté gauche
contre la muraille on lisoit :
*malheureux Prince, ton mau-
vais destin t'a mené ici*, & au
côté droit : *tu seras dépossedé
par des Nations Etrangeres, &*

tes sujets seront châtiez, aussi
bien que toi de tous leurs crimes.

Rodrigue aiant contenté sa curiosité, il s'en retourna ; & à peine eut-il tourné le dos , que la Statuë recommença ses coups : ce Prince fit refermer la porte , & boucher même l'endroit avec de la terre, afin que personne n'y pût entrer à l'avenir : mais la même nuit on entendit de ce côté-là de grands cris qui precederent un éclat épouvantable, semblable à un grand coup de tonnerre ; & le lendemain on ne trouva plus la Tour, ni presque aucuns vestiges de ce qui avoit rendu cet endroit remarquable.

Je ne veux pas entreprendre de confondre l'incredulité de ceux qui ne voudront

pas ajoûter foi à cette hiftoire ; quoi-que je crois qu'il
ne faudroit pour cela que
leur alleguer le paſſage du
chapitre cinquiéme du Prophete Daniel, lorſque Batha-
zar Roi de Babilonne, petit
fils de Nabuchodonoſor, vit
cette main qui écrivoit ſa
condamnation ſur la muraille
de ſa chambre, en ces termes : *Mane, Thekel, Phares* ;
car je ne crois pas que perſonne me diſpute, que le même Dieu qui conduiſoit cette
main, pouvoit bien avoir permis & ordonné dans ſon Con-
ſeil éternel, tout ce que l'hiftoire nous apprend de cette
étrange avanture.

Pour revenir à Rodrigue,
l'extréme danger où il ſe
voioit l'obligea à ne rien é-
pargner

pargner pour parer, s'il lui
étoit poſſible, les malheurs
qui le menaçoient ; & aiant
aſſemblé une armée de cent
mille hommes, il alla au devant des Mores, qu'il trouva
dans la Plaine de verité prés
de Cordouë. Les deux armées
en vinrent aux mains, & le
combat qui dura preſque huit
jours, fut un des plus opiniâtres & des plus ſanglans
dont l'hiſtoire nous faſſe mention. Je dis preſque huit jours;
car il commença un Mercredi
matin, & la nuit les ſeparant,
on renvoioit la partie au lendemain ; & on continua de-
même en combattant tous
les jours juſqu'au Mercredi
de la ſemaine ſuivante, qu'enfin les Chrêtiens furent entierement défaits : & Rodri-

gue qui pendant ce tems _ là
avoit fait tout ce qu'on pouvoit attendre d'un grand Capitaine, disparut sans qu'on
sçût ce qu'il étoit devenu :
mais plusieurs années aprés,
on trouva son Tombeau dans
la principale Eglise de Visco
en Portugal, sur laquelle on
avoit gravé, *Ci gît Rodrigue
dernier Roi des Gots.*

Cette bataille qui se donna
en 714. fut la perte totale de
l'Espagne ; car les Mores ne
trouvant plus d'obstacles, s'en
rendirent entierement les
Maîtres cette même année.
Mais aprés la mort du Grand
Almanzor, chaque Gouver-
neur de Province s'appropria
en titre de Roiaume son Gouvernement ; & comme cela
ne pût se faire sans qu'il s'al-

lumât plusieurs guerres en_
tr'eux , qui les affoiblirent
considerablement ; cela don_
na lieu aux Chrêtiens de pro_
fiter de leurs divisions , &
peu_à_peu de les chasser d'Es_
pagne. Et comme la Famille
Roiale étoit éteinte en la per_
sonne de Rodrigue, à mesure
que les Mores étoient chaf_
sez de quelque Province; ce_
lui d'entre les Chrêtiens qui
avoit le plus de credit s'y fai_
soit reconnoître pour Roi.
Enfin tous ces petits Rois Mo_
res se trouvant anneantis ou
par eux_mêmes , ou par la
force des Chrêtiens , quantité
repasserent en Affrique, plu_
sieurs se firent baptiser , &
d'autres eurent liberté de
conscience jusqu'en 1610.
que le Roi Catholique obli_

C ij

gea tous les Mores generalement d'évacuer ses Etats ;
de sorte que cette année-là
ou la precedente, il en sor-
tit plus de dix-huit cent mille
ames, sans parler d'un nombre infini que l'Inquisition
fit mourir. Voilà ce que
j'avois à dire au sujet des
Mores,

CHAPITRE III.

De la nature du Païs, de sa production & des causes de sa sterilité.

TOut le monde convient
que l'Espagne est la par-
tie de l'Europe où les grandes chaleurs sont les plus in-
commodes ; & ce n'est pas

sans raison qu'on dit que les
flâmes qui feront les funé-
railles du monde au jour du
Jugement, n'auront pas beaucoup à faire en Espagne, à
cause que le bois y est fort
rare ; & un Italien disoit un
jour agreablement à un Doc-
teur, qui étoit en peine où
placer le Purgatoire, de mettre celui des Peuples du Levant dans la Libie, & celui
de l'Europe en Espagne. On
n'a jamais vû nulle part de
secheresse semblable à celle
qu'il y eut en Espagne du
Regne de Gargores Roi Got :
car depuis l'an du Monde
2727. jusqu'en 2754. qui sont
vingt-sept ans, il n'y plût
point, & toutes les sources &
les rivieres tarirent : ce qui
fit mourir tous les bestiaux &

une infinité de monde. A-
prés ce tems-là il vint une
espece de déluge, qui à son
tour fit du desordre dans
plusieurs Provinces.

Ces chaleurs excessives cau-
sent souvent des tremblemens
de terre en Espagne ; & il
n'y a que quelques années
qu'il y en eut un terrible à
Malaga & aux environs, qui
renversa plusieurs Eglises, &
quatorze à quinze cents maisons. Par une secousse la terre
s'ouvrit prés de Velez , qui
engloutit la riviere en peu de
tems ; aprés il en survint un
autre, qui rejoignant la terre, l'obligea de rejetter l'eau
de cette riviere avec une impetuosité effroiable, qui fut
poussée dans les airs à perte
de vûë.

Il ne faut pourtant pas at-
tribuer uniquement la fteri-
lité de l'Efpagne à cette cha- Steri-
leur qui y eft plus vehemente lité.
que dans les païs voifins : car
elle a encore deux caufes ;
la premiere vient du peu d'in-
duftrie & de la grande pa-
reffe des Efpagnols ; car du
tems des Mores, le païs é-
toit bien plus fertile qu'il
n'eft aujourd'hui, parce qu'ils
avoient foin de conduire l'eau
des rivieres à travers des terres, qui leur produifoient tout
ce qu'ils vouloient : mais les
Efpagnols font trop pareffeux
pour fe donner cette peine,
& ils aiment fouvent mieux
mourir de faim, que de tra-
vailler pour gagner leur vie ;
auffi le peu de terres qu'on
y laboure font prefque tou-

tes cultivées par des païsans
étrangers. Leur paresse s'é-
tend jusqu'à laisser tout leur
commerce aux François, Anglois & Hollandois, à qui ils
donnent leurs laines à bon
marché, & les rachetent che-
rement lorsqu'elles sont con-
verties en draps & autres é-
tofes.

L'autre cause de cette ste-
rilité, vient de ce que l'Espagne n'est pas peuplée à
proportion de son étenduë.
On est surpris de voir ce
Roiaume presque desert, a-
prés l'avoir vû si puissant & si
florissant sous Charlequint &
Philippe Second ; ce change-
ment vient de la quantité de
Mores & de Juifs qu'on chassa d'Espagne au commence-
ment de ce siecle ; du nom-

bre infini que les guerres
continuelles ou l'Inquiſition
en ont fait perir : outre qu'on
a extrémement dépeuplé l'Eſpagne pour peupler les Indes;
car ceux qu'on y envoie n'en
reviennent que rarement, ſoit
qu'ils y meurent en chan-
geant de climat, ſoit que les
établiſſemens qu'ils y font
(la plûpart s'y mariant avec
des Indiennes Chrêtiennes)
les y retiennent ; ſoit enfin
parce qu'on ne leur permet
pas de revenir : d'ailleurs on
tire beaucoup d'hommes de
ce Roiaume pour envoier en
Flandres, dans le Milanez ,
& dans les Roiaumes de Naples & de Sicile, d'où il en
revient tres-peu. Et nous de-
vons ajoûter à tout cela, la
ſterilité des femmes en Eſ-

pagne, qui ne font pas tant
d'enfans que dans les Païs Sep-
tentrionaux : aussi a-t-on remarqué qu'on n'a pas vû depuis fort long-tems huit mille
Espagnols à la fois dans une
armée.

Tout cela n'empêche pas
que l'Espagne n'ait ses pro-
prietez, & qu'elle ne pro-
duise malgré ses habitans, de
 l'or & de l'argent : mais depuis la découverte du Perou,
on a abandonné la recher-
che de ces precieux Metaux
en Europe. Elle a aussi des
Mines de Fer & de Plomb, &
des Salines admirables, principalement dans la Catalogne, prés de Gironne, où
l'on tire le Sel de certaines
carrieres qui font inépuisa-
bles ; car quoi-qu'on y ait

creusé considerablement le jour, le lendemain matin la carriere se trouve pleine, la nuit aiant poussé hors des entrailles de la terre, de la matiere pour remplacer celle qu'on y a prise pendant le jour : on taille ces pierres de sel comme des Cristaux, & on en fait des croix & des chapelets. Les meilleures Mines de plomb sont celles qu'on trouve à Linarez sur les frontieres d'Andalousie.

L'Espagne produit encore beaucoup de Marchandises dont les Etrangers font cas ; ils estiment les Chevaux d'Espagne, les Laines de Segovie, les Soies de Grenade, les Lins & les Chanvres d'Andalousie, le Fer & le Cuivre de Biscaie, les Vins d'Alicante,

& les Huiles & autres Fruits
qui abondent fur fes côtes :
ce qui fait affez connoître
que le terroir y feroit fort
bon, s'il étoit bien cultivé.

CHAPITRE IV.

De la Cour d'Efpagne & des Coûtumes du Palais.

L'Hiftoire nous apprend
que depuis Pelage, qui
fut le premier d'entre les
Chrêtiens à qui les Efpagnols
donerent le titre de Roi, a-
prés la défaite & la mort de
Don Rodrigue, la Couronne
d'Efpagne eft tombée dix fois
en quenouille. Comme je n'é-
cris pas l'Hiftoire de cette
Monarchie, mais feulement

un Voiage, je me dispense de parler de tous les Rois qui y ont regné ; je remarquerai seulement que nous n'en comptons que sept, qui ont occupé le Trône successivement, depuis que les Mores en ont été chassez, qui sont Ferdinand, Philippe Premier, Charles Premier, autrement dit Charlequint, Philippe II. Philippe III. Philippe IV. & Charles II. qui regne aujourd'hui.

Il naquit le 16. du mois de Novembre 1661. & épousa en premieres noces en 1678. Mademoiselle Marie Loüise, Fille de Monsieur le Duc d'Orleans, qui étant morte sans enfans, Sa Majesté Catholique épousa en 1689. une Princesse de Nieubourg Fille du

feu Electeur Palatin, Sœur
de l'Imperatrice & de la Reine de Portugal ; & quoi-que
cette Famille soit une des
plus fecondes de l'Europe, ce
Prince n'en a encore eu aucuns enfans, ce qui authorise
l'opinion de ceux qui le
croient hors d'état d'en a-
voir.

Il n'y a point de Prince
Chrêtien qui prenne tant de
titres & de qualitez que les
Rois d'Espagne ; voici celles
que l'on donne aujourd'hui à
Sa Majesté Catholique dans
toutes les Commissions & autres dépêches : Roi d'Espa-

gne, de Castille, de Leon,
de Navarre, d'Arragon, de
Grenade, de Tolede, de Valence, de Galice, de Seville, de Murcie, de Jaen, de

Jérufalem, de Naples, de Sicile, de Majorque, de Mi-
norque, de Sardaigne, des
Indes Orientale , des Indes
Occidentales , de toutes les
Ifles & Terres Fermes de
la Mer Oceane : Archiduc
d'Autriche, Duc de Bourgogne, de Brabant, de Luxem-
bourg, de Gueldre, de Mi-
lan : Comte d'Hafprug, de
Hollande, de Flandres , de
Tirol & de Barcelonne : Seigneur de Bifcaie & de Mo-
lina : Marquis du Saint Em-
pire, Seigneur de Frife, d'U-
trecht, de Malines, d'Ove-
riffel, de Groningue, & Grand
Seigneur d'Afie & d'Affrique.

On remarque que François
Premier faifant réponfe à une
lettre où Charlequint avoit

joint toutes ces qualitez à celle d'Empereur , ne prit que
celle de *Roi de France, Seigneur de Vannes & de Gonesse.*
Et Henri IV. dans une pareil-
le rencontre, ne prit que celle
de *Bourgeois de Paris, Seigneur
de Gentilli.*

La Cour d'Espagne doit le ce-
der en magnificence, en grandeur, en civilité & en galanterie, non-seulement à la France
& à l'Angleterre, mais même
à celles de plusieurs petits
Princes d'Italie & d'Allemagne. On voit rarement le Roi,
à moins que ce ne soit dans
les Audiances publiques qu'il
donne un jour de la semaine
dans une Salle ; & comme les
Galeries ou les Appartemens
qui y conduisent, sont ordinairement remplis par ceux
qui

qui ont quelque placet à prefenter au Roi ; Sa Majefté
les prend tous en paffant pour
fe les faire rapporter : mais à
moins d'avoir des amis prés
du Secretaire d'Etat, on n'en
a des nouvelles que fort tard,
& fouvent le Roi n'en en-
tend pas parler.

Au refte, la conduite des
Rois & Reines d'Efpagne eft
tellement reglée par ce qu'on
appelle l'étiquette du Palais,
qu'il ne faut que la lire pour
fçavoir à quoi fe font occupez
tous les Rois d'Efpagne depuis
Philippe II. & ce que feront
les Succeffeurs de Charles II.
jufqu'au jour du Jugement,
pourveu que cette Etiquette
ou Reglement fubfifte jufqu'à
la fin du monde, comme on
l'obferve aujourd'hui : voici

Tome II. D

quelques-unes de ces principales Regles.

Premierement il est ordonné aux Reines d'Espagne de
se coucher précisément à
neuf heures en hiver, & à
dix heures en été. 2. Que lorsque le Roi va la nuit de sa
chambre à celle de la Reine,
il doit avoir ses souliers en
pantoufle, son manteau noir
sur ses épaules (car il n'y a
ni mules ni robes de chambre). une bouteille de cuir
passée dans le bras gauche,
dont on se sert pour pot à
pisser, une lanterne sourde
de la même main, & son é-
pée à la main droite. 3. Que si
le Roi a eu quelque maî-
tresse, & qu'il l'ait ensuite
quittée, il faut qu'elle se ren-
de Religieuse. 4. Que toutes

les fois que le Roi recévra
quelques faveurs d'une maîtresse, Sa Majesté sera tenuë
de lui donner quatre pistoles.
5. Enfin par ce Reglement il
est marqué les jours que le
Roi doit donner audiance aux
Ministres Etrangers & à ses
sujets, ceux qu'il doit aller à
l'Ecurial, à Aranjuez, & à ses
autres Maisons de plaisance,
& les jours que la Cour en
doit revenir; de maniere que
quelque tems qu'il fasse, ces
voiages ne sont jamais inter-
rompus: & s'il arrivoit un Ex-
prés pour des affaires de la
derniere conséquence, qu'il
falût assembler un Conseil extraordinaire, où la personne
du Roi fût necessaire, dans
un jour ordonné pour la chasse, je ne crois pas qu'on in-

terrompît ce plaisir, du moins n'ai-je pas appris que cela soit arrivé de ce Regne.

Il n'y a d'homme marié que le Roi, ni de femme mariée que la Reine, qui couchent dans le Palais; tous les autres font veufs, ou gens qui n'ont pas encore été mariez : les Reines d'Espagne étant veuves ne peuvent plus se marier selon les Loix du Païs.

La Garde.

Les Gardes du Roi sont composées ou d'Espagnols qui est l'ancienne garde des Rois de Castille, ou d'Allemans, qui fut choisie par les Princes de la Maison d'Autriche; ou de Bourguignons, qui est la premiere en datte, à cause que la grandeur des Rois d'Espagne vient de la Maison de Bourgogne, dont ils tiennent

encore l'Ordre de la Toifon
d'Or, de l'origine de laquelle
je parlerai dans un autre chapitre.

Tous les Grands fe couvrent
devant la Reine, comme auffi
toutes les autres perfonnes de
qualité, lorfqu'en prefence
de Sa Majefté ils entretien-
nent quelque Dame de la
Cour; & pour les excufer de
ce manque de refpect pour
leur Souveraine, on dit qu'ils
font tellement épris de la
beauté & du merite de la Dame avec laquelle ils ont lié
converfation, que leur inci-
vilité leur eft pardonnable.
On ne donne point de tabou-
ret en Efpagne: car la Reine ni
les Dames Efpagnoles ne fe
mettent jamais fur des fieges,
auffi n'en trouve-t-on point

ESPA-
GNE.

dans leurs Appartemens ; elles se mettent sur des carreaux lorsqu'elles veulent prendre leur repas ou se reposer, à la maniere des Turcs ; & je crois que c'est une coûtume qu'ils ont gardée des Mores, avec bien d'autres.

Des Char-
ges à la Cour.

Toutes les Charges de la Cour se donnent ici, & on n'en achete aucune. Il y a de trois sortes de Gentilshommes de la Chambre, qui tous ont une clef pour pouvoir entrer dans tous les Appartemens du Palais ; on les distingue seulement parce que la Charge des uns les attache à servir actuellement ; les autres ont entrée & ne servent pas, & les autres enfin portent la clef sans entrer ni servir.

A l'égard des Enfans d'Es- ESPA-
pagne, le Fils aîné, qui est le GNE.

prefomptif heritier de la Cou- Des
ronne, doit s'appeller *Prince* Infants
des Asturies, en memoire de
ce que ce Païs ne reconnut
jamais les Mores; car depuis
que Pelage s'y retira avec
quelques Chrêtiens, qui le
declarerent leur Roi, ils ont
toûjours subsisté dans les montagnes & dans les cavernes,
& ce sont eux enfin qui ont
été les premiers à chasser les
Mores de l'Espagne. Les autres Enfans sont appellez Infants, & les Filles Infantes.

Les Princesses destinées à De la
être Reines d'Espagne, ne s'ac- Reine.
commodent pas fort des manieres de cette Cour; & ef-
fectivement il y en a de si ridicules, qu'il y a lieu de s'é-

tonner qu'une Nation qui
pretend le disputer en sagesse
aux Disciples de Caton, veuille
les autoriser ; je n'en veux
rapporter ici qu'un seul é-
xemple sur lequel le Lecteur
fera tel jugement qu'il vou-
dra.

Si le carrosse de la Reine
vient à verser, ou qu'elle tom-
be de cheval, &c. il n'y a que
le Roi ou les Dames qui sont
auprés d'elle, qui puissent
aider à la relever, & ses E-
cuiers ni ses autres Gentilshommes n'oseroient lui donner du secours sans risquer
leur vie. Cela arriva à la derniere Reine quelques années
avant sa mort ; car aiant mon-
té à cheval pour aller à la
chasse, cet animal la jetta par
terre, & la traînoit dans la
court

court du Palais, son pied s'é-
tant embarassé dans l'étrier,
sans que personne osât y tou-
cher ; cependant deux Gentilshommes nommez D. Loüis
de las Tores, & D. Jaimo de
Soto-Mayor, touchez de com-
passion pour cette pauvre
Princesse, l'un arrêta le cheval, & l'autre débarassa le
pied de la Reine. Aprés quoi
ils coururent chez eux pour
faire preparer des chevaux,
afin de sortir promtement du
Roiaume : mais la Reine obtint leur grace du Roi, comme une faveur peu meritée.

Ce ne fut pas là le seul chagrin que cette défunte Princesse eut à la Cour ; car outre
qu'on lui ôta tous les domestiques qu'elle y avoit menez
de France, la Duchesse de

Terra-Nova qui étoit sa premiere Dame d'atour, lui tua
deux perroquets à cauſe qu'ils
ne parloient que François.
Comme j'étois en ce tems-là
en Eſpagne, & que je ren-
contrai en allant en Portugal un des Muſiciens François
qui avoient ſuivi la Reine, je
puis bien rapporter ce qu'il
me dit, d'un ſujet de chagrin
que Sa Majeſté eut, qui lui
cauſa la fiévre pendant quelques jours ; il me dit que cette
vertueuſe Princeſſe avoit ſup-
porté patiemment tous ſes
chagrins, & avoit vû éloigner
tous les François qui l'avoient
ſuivie avec une fermeté toute
Roiale, qui ne fut ébranlée
que lorſque que le Roi étant
un jour entré dans le cabinet
de Sa Majeſté, il ſe trouva de

si mauvaife humeur, qu'aiant
apperçû un canari venu de
Paris, qui ranima fon ramage
à la préfence de ce Prince :
bien loin d'en être réjoüi, il
ouvrit la cage, & lui tordit
le col, en difant, fe peut-il
faire qu'il y ait encore des
Gavaches ceans.

Les Efpagnols appellent ainfi les François lorfqu'ils les
veulent injurier, ce mot fi-
gnifiant gueux ; & difent que
la proximité de Flandres avec
la France, eft caufe que les
François ont herité du nom
de gueux, que prirent les
Seigneurs qui fe foûleverent
en Flandres avant l'établiffe-
ment de la République de
Hollande ; quoi-que dans la
juftice , ce nom appartient
plus aux Hollandois qu'aux

François. D'ailleurs, comme il passe une quantité de François en Espagne, qui voint à Saint Jacques en Galice, les Espagnols qui attribuent cette devotion à une veritable faineantise, en prennent aussi occasion de nous appeller gavaches.

Les Fils naturels des Rois d'Espagne n'entrent jamais dans Madrit ; & la plus forte raison qu'on m'en ait pû donner, c'est que par là on évite les disputes qui pourroient survenir du rang qu'ils pretendent sur les Grands d'Espagne.

Tous les attelages des carosses du Roi & de la Reine sont de mules, aussi-bien que ceux des autres personnes de qualité, quoi-qu'il y ait de

tres-beaux chevaux dans quelques endroits : cependant les
haras y font détruits à caufe
qu'on ne fait couvrir les ca-
vales que par des mulets : le
peu de chevaux que l'Epagne
produit font deftinez pour
monter la cavalerie. Le Roi
en a d'affez beaux dans fes é-
curies : mais ceux que Sa Majefté a une fois montez, ne
peuvent, par l'Etiquette du
Palais, être montez par aucune autre perfonne. Les co-
chers ne font pas fur un fiege
comme en France & ailleurs ;
ils font montez fur une des
mules de devant, depuis
qu'un cocher du Duc d'O-
livarez aiant de fon fiege
entendu un fecret impor-
tant qu'il difoit à fon ami,
le revela & caufa des affai-

CHAPITRE V.

*De la Langue, Mœurs, Ha-
billemens, Coûtumes & Ma-
ladies des Espagnols.*

IL n'y a point de Nation dans le monde qui soit plus presomptueuse que l'Espagnole ; je laisse au Lecteur la liberté d'en juger sur le Tableau que je vais lui faire de son humeurs, où je ne pretens rien mettre du mien, comme il sera facile à ceux qui connoissent cette Nation de le reconnoître.

De la Langue Espa- gnole.

Les Espagnols ont une si haute idée de leur langue ;

qu'ils difent que lorsque Dieu
s'entretenoit avec Moïfe fur
la Montagne de Sinaï, c'é-
toit en Langue Caftillane,
qu'ils pretendent être la plus
propre pour commander. Elle dérive de la Langue Latine :
mais on ne la parle pas par
tout le Roiaume auffi pure-
ment qu'à Madrit; dans quelques endroits, comme en
Portugal, on y mêle beau-
coup de l'Italien, & du François en Arragon.

Si les Efpagnols ne font
pas aimez des Nations E-
trangeres, ils doivent s'en
prendre à eux-mêmes;
car en méprifant & s'ef-
timant au-deffus de tout
le monde, comme ils font,
ils ne fçauroient s'en faire
aimer. Ils fe qualifient de fils

ou descendans de la noble
Race des Gotz , disent que
leur Roi est Maître de soi-
xante-trois Roiaumes, qu'on
dit à toute heure la Messe sur
ses Etats , que jamais le Soleil ne les prive de sa clarté ,
& qu'il ne tient qu'à Sa Majesté Catholique de se rendre Maître de toute l'Europe , & enfin qu'ils repren-
dront le Portugal & la Hollande quand ils voudront ,
leur Roi étant le plus grand
Roi du monde ; & à ce su-
jet je puis bien alleguer la
pensée d'un homme , qui
comparoit la grandeur du
Roi d'Espagne à un sepulcre,
qui grandit à mesure qu'on
lui ôte de la terre.

Les Espagnols sont pares-
 seux , & estiment le com-

merce & les arts trop méca-
niques : ceux d'entr'eux qui
s'y mettent par neceffité, ne
fortent pas de leur boutique
fans mettre l'épée au côté,
prenant le titre de *Seignor
Cavaleros*, qui doit leur être
auffi permis qu'aux croche-
teurs & harangeres de Paris,
celui de *Monfieur* & de *Ma-
dame*. Ils font graves, grands
politiques, patiens en adver-
fité, mifterieux, fecrets, lents
à refoudre, & opiniâtres à
pourfuivre. Ils font fort
méfians envers les Etran-
gers, même à l'égard de ceux
qui font fous leur domination ; auffi voit-on les prin-
pales Charges des Païs-Bas,
de Naples, Sicile, &c. remplies par des Efpagnols, au
préjudice des naturels du

païs. Le peuple quoi-que
grossier, y est extrémement
fier : mais on peut en excep-
ter ceux qui ont vû le monde, avec qui il n'est pas difficile de lier societé & amitié.

Toutes les Nations de l'Europe trouvent l'habillement
Espagnol si grotesque, qu'ils
s'en servent pour representer
les farces risibles sur les Theatres ; eux au contraire, se
moquent des modes de France, & disent que le François
change de mode & d'habit
aussi souvent que son esprit
change de situation. Char-
-le-quint dit un jour à cette
occasion, que les Espagnols
paroissent sages & ne le sont
pas, & que les François le
font sans le paroître.

On ne paroît au Palais qu'en

habit noir, & tous les Espagnols en general sont habillez de cette couleur. Leur
ajustement consiste en une
culotte fort étroite, la plûpart boutonnée le long des
cuisses, une roupille ou pourpoint qui serre la taille jusqu'aux anches ; une ceinture
de maroquin pour serrer le
ventre, des escarpins semblables à ceux des danseurs de
corde , des bas noirs à reseau
qui en laissent apercevoir une
autre paire de toile blanche ;
une épée d'environ quatre
pieds & demi au côté gau-
che , un poignard au côté
droit, pour parer le coup dans
le combat ; un manteau noir
sur cet équipage, qu'ils trous-
sent ordinairement sous le
bras gauche , comme les Prê-

tres. Les plus galans ont un
petit chapeau doublé de ta-
fetas noir, avec un cordon de
dentelle noire, & une *Gonille*
ou grosse fraise leur sert de
cravate. Il ne faut pas ou-
blier de dire qu'il y a peu
d'Espagnol qui n'ait du ta-
bac en poudre dans le gous-
set de sa culotte, sans papier
ni tabatiere, où il puise à
discretion : joignez à cela que
les Espagnols sont presque
tous basanez, les cheveux
courts & noirs, & la mous-
tache en forme de croissant,
aiant la marche aussi grave
que celle d'une Autruche. Pour
les femmes, même les Rei-
nes, elles sont aussi habillées
de noir, aiant de grandes
jupes qu'on appelle des vertugadins, qui se tiennent aussi

larges qu'un grand cerceau
de tonneau, & fous lefquelles
on pourroit facilement cacher
deux perfonnes : elles mettent
une fi grande quantité de
blanc & de vermillon, que
leurs vifages en paroiffent
plâtrez.

A l'égard des coûtumes des
Efpagnols, ils en ont beaucoup qui nous paroiffent ridicules, j'en marquerai ici
quelques-unes des principales. Premierement, à l'égard
de la civilité, on donne toûjours le deffous du pavé ; on
fort & on entre le premier
dans fa maifon, & difent que
c'eft pour laiffer plus de liberté à l'Etranger, qui autrement fe trouve obfervé par
le maître du logis. Les Efpagnols commencent à bou-

tonner leur pourpoint par le
bas lorsqu'ils s'habillent. Les
gens de qualité ont des mar-
mites d'argent fermées avec
un cadena, crainte que les
domestiques ne dérobent la
viande ou la graisse dans le
tems qu'elle est sur le feu, ce
qui arrive souvent : cela vient
de ce qu'on ne les nourrit
pas, & qu'ils sont assez mal
paiez de leurs gages ; aussi en-
levent-ils tout ce qui reste
lorsqu'on dessert la table de
leurs maîtres, jusqu'aux chan-
delles ou bougies du buffet :
mais les Pourvoieurs y prennent de si prés garde, qu'ils
n'en achetent que ce qu'il
faut pour chaque jour.

Une des manieres les plus
ridicules des Espagnols, sont
les lunettes dont ils se ser-

vent ; car non-feulement les vieillards en portent, mais auffi les jeunes gens de quatorze à quinze ans, d'un & d'autre fexe fans neceffité, puifqu'ils en ont à table & en marchant dans les ruës ; il faut remarquer qu'ils ne les portent que pour avoir plus de gravité, & que plus les lunettes font grandes, plus la perfonne qui les porte eft relevée en dignité.

L'on n'oferoit entrer dans une Eglife avec des éperons, fans courir rifque d'être arrêté & condamné à une amande. Les femmes ne vont point aux proceffions, pas même à celles de la Fête-Dieu : mais elles fe mettent fur des balcons, plûtôt pour voir paffer leurs Amans & en être vûës, que par un acte de devotion. D'ailleurs elles sortent tres-rarement (j'entens les femmes au-deſſus du commun) elles ſont preſque toûjours enfermées par un effet de jalouſie de leurs maris ; & lorſqu'elles vont à la meſſe, c'eſt ſous un grand voile, accompagnées de quelque vieille *Doigna*, pour veiller à leur conduite : cependant elles trouvent moien d'introduire ſouvent leurs Amans chez elles, ou chez quelque parente ou amie qu'elles vont viſiter. Autrefois les rendez-vous ſe donnoient dans l'Egliſe, où les Amans ſe tenoient prés des benetiers ; & en preſentant de l'eau-benite aux Dames voilées, celles qui y trouvoient les leurs, leur gliſ-

ſoient

foient un billet dans la main :
mais depuis quelques années,
le Nonce a défendu aux hommes de prefenter l'eau - be-
nite aux Dames, fous peine
d'excommunication.

Tous les enfans trouvez en
Efpagne font declarez nobles
& reconnus pour tels ; la rai-
fon qu'ils alleguent pour cela eft qu'il vaut mieux reconnoître un enfant roturier
gentilhomme, que de rendre
un gentilhomme roturier. Les
grandes chaleurs qui regnent
en Efpagne, font caufe que
chacun depuis dix heures du
matin, jufqu'à cinq heures du
foir, refte dans fa maifon,
dans le lit ou dans des falles
fraîches ; de forte que pendant ce tems - là les bouti-
ques font fermées, & on ne

voit perſonne dans les ruës.

Les Eſpagnols ſont prodi-
gues envers leurs maîtreſſes,
ils n'épargnent rien pour ſe
rendre l'entrée de leur maiſon acceſſible ; outre que c'eſt
un point d'honneur de ne
rien refuſer à une femme,
comme perles, diamans, habits, &c. bien qu'elle ne vous
ait jamais accordé la moindre
faveur.

Ils ſont fort vindicatifs, &
peu de choſe les porte à tuer
un homme en trahiſon ; la
facilité qu'ils ont à ſe refu-
gier dans les Egliſes où ils
ſont en ſeureté, ne contribuë
pas peu à leurs mauvais deſ-
ſeins : ils ſe ſervent pour cela de certaines armes qu'on
appelle des *ſtilez* ; il y en a
de deux ſortes, les uns ſont

gros & ronds comme le petit
doigt, qui font une affez grande ouverture: les autres ne font
pas plus gros qu'une éguille ;
& longs d'environ un pied ;
ceux-ci font les plus dangereux, parce qu'ils entrent fort
avant, & font une ouverture
fi petite, que bien fouvent
il n'en fort point de fang,
quoi-que les boiaux foient offenfez ; de-maniere que ne
pouvant penfer cette plaie,
fans faire de grandes ouver-
tures, il y en a peu qui en é-
chapent. Ceux qui veulent
faire affaffiner quelqu'un fans
paroître, fe fervent ordinairement de gens qui vien-
nent du Roiaume de Valence
pour vaquer à ces fortes de
commiffions, & qui font bon
marché de leurs peines.

Voilà ce que j'avois à dire
en general des mœurs & manieres Espagnoles ; il ne me
reste pour finir ce chapitre,
qu'à remarquer à quelle forte
de maladies les peuples Espagnols font le plus sujets ; c'est
à des maux de gorge, qui de-
generent souvent en écroüel-
les : ils ont aussi des rumatis-
mes, qui étant negligez ren-
dent leurs corps tout perclus;
cela leur vient, dit-on, de
l'air qui y est si subtil, que
s'ils n'ont soin de bien fermer
les fenêtres des endroits où
ils couchent, & se couvrir
l'estomac le matin avant toutes choses, ils en font infail-
liblement incommodez. Les
maux veneriens y font aussi
des desordres, non-seulement
parmi les gens débauchez,

mais même parmi les Reli-
gieux & les enfans, dont la plûpart naissent infectez de cette
maladie, que les Allemans
appellent *spanse pocke*, c'est-
à-dire verole d'Espagne.

CHAPITRE VI.

*Des manieres de se nourrir,
de voiager & des mon-
noies du Païs.*

APrés avoir fait connoî-
tre les mœurs & coû-
tumes de cette Nation, je
crois qu'il sera à propos de
dire quelque chose de la maniere dont ils se nourissent,
& ce qu'un voiageur doit faire
& éviter chez eux, qui sera
aussi bien-aise d'avoir quel-

que connoiſſance des mon-
noies du Païs.

Les Eſpagnols ſont fort ſo-
bres, ne mangeant ſouvent
qu'un oignon ou quelque
gouce d'ail, qui ſont des
morceaux fort delicats pour
eux ; les perſonnes de qualité
qui font ſervir leur table a-
vec un peu plus d'abondance,
n'ont jamais deux plats à la
fois, on ne les leur ſert qu'un
aprés l'autre. Les femmes ne
ſe mettent jamais à table,
parce qu'elles ne peuvent,
ſelon la coûtume Eſpagnole,
s'aſſeoir ſur un ſiege, mais
ſeulement ſur des carreaux
à terre, les jambes en croix
comme nos Tailleurs, & on
leur ſert à manger ſur des
tapis de Turquie ou de Perſe.
Le Samedi on mange en Eſ-

pagne, la tête, les pieds, le
foie, les poulmons & le cœur
de toutes sortes de bêtes, &
même du lard, sans preten-
dre que ce soit de la viande.

Il ne faut pas s'étonner si
on manque souvent de pain
en Espagne, soit par faute
de bled, parce qu'on y en
seme fort peu, soit parce
qu'il n'y a point de moulins à
vent, & les moulins d'eau
cessent souvent en été à cause
de la secheresse: de sorte que
comme les Espagnols n'ont
point de prévoiance, & se
soucient fort peu du lendemain, ils n'ont la plûpart du
tems ni pain, ni farine, & ne
s'en mettent presque pas en
peine.

On ne voit jamais, ou fort
rarement, un Espagnol voia-

ger par curiosité ; ceux qui sortent de chez eux ne le font que pour aller remplir quelque emploi dans les É-tats éloignez , qui sont sous la domination de leur Prince, ou pour servir dans les trou- pes qu'il y entretient. Les Etrangers n'ont pas besoin de passeports en entrant en Espagne, pas même en tems de guerre, mais bien lorsqu'ils en sortent : cependant il faut paier de gros droits pour les habits, & pour l'or ou l'ar-gent que l'on porte au-delà de ce qu'il en faut pour aller à la couchée ; il y a des gardes qui fouillent, & vous les confisquent, non-seule-ment à l'entrée & à la sortie d'Espagne, mais même d'une Province à l'autre , comme

de Cade Catalogne en Arragon, d'Arragon en Caftille, &c. Ceux qui fçavent cette coûtume évitent le danger de trois manieres ; ou en tirant un certificat ou paffeport des Magiftrats de la Ville de l'argent que l'on a, en paiant les droits ; ou en prenant des lettres de change, ou enfin en fe faifant accompagner par quelqu'un de la Ville à une lieuë delà en guife de promenade. A propos de lettres de change, je dois avertir les voiageurs qui iront du côté de Cadix & de Seville, que s'ils prennent des lettres de change à Madrit, ou dans des lieux encore plus éloignez, fur Cadix, Seville, &c. ils auront un benefice confiderable : & au contraire, s'ils fe

trouvent en avoir besoin dans
ces lieux là, ils les paieront
bien cheres ; la raison en est,
que c'est du côté d'Anda-
lousie, où les galions déchargent l'or & l'argent qu'ils
apportent des Indes, & qu'on
ne peut le faire circuler dans
les autres Provinces qu'avec
peine & dépense.

Un voiageur doit encore remarquer que lorsqu'il arrive-
ra dans une hôtellerie, fût-
elle la meilleure d'Espagne,
il doit se pourvoir d'un lit ;
car il arrive souvent qu'il n'y
a que celui de l'hôtesse : ensuite il donnera la viande qu'il
aura apporté pour faire cuire,
ou en ira acheter s'il s'en trouva dans le lieu, puisqu'il n'est
pas permis aux hôtelliers de
vendre les vivres, qui sont en

parti, & dont les droits qu'on
prend deſſus font un des principaux revenus du Roi. Les
cheminées, principalement
des cuiſines, font au milieu
de la chambre, de ſorte qu'on
peut ſe chaufer ou ſe fumer
de tous les côtez.

Les voitures dont les voiageurs ſe ſervent en ce païs-ci,
font des mules, qui marchent
avec autant de gravité qu'un
Eſpagnol ; ſurquoi il faut remarquer qu'on met la valiſe
ſur le pommeau de la ſelle,
qui ſert d'appui au cavalier :
& en guiſe de foureau de piſ-
tolet, ils ont de chaque côté
un grand étui de cuir bouli,
dans un deſquels ils mettent
leurs proviſions, & dans l'autre de la glace pour tenir leur
vin au frais. On court rare-

G ij

ment la poste en Espagne, il
n'y a que les couriers du Roi,
ou ceux qui ont une permiffion de la Cour car ceux qui
portent les lettres d'une Province à l'autre, ou fur la frontiere, ce ne font que des
meffagers fort bons pietons,
mais qui s'enyvrant fouvent,
il eft facile de leur ôter leurs
lettres.

Quant aux monnoies d'Ef-
pagne, celles d'or s'appellent
Dublone, qui font les piftoles, & celles d'argent *Real;*
que nous appellons Reales ou
pieces de huit, qui valent
environ cinquante-huit fols,
ou un écu argent de France;
auffi-bien que leurs ducats.
Ce qu'ils appellent real de
Billon, font des monnoies
imaginaires, comme font les

livres en France. Les autres
especes ne font que l'augmen-
tation ou la diminution des
piftoles ou des reales, comme double piftole , quatru-
ple, demi , quart ou huitiéme
de reale. Il eft bon de remarquer qu'on ne pefe point les
especes en Efpagne , ce qui
fait que les Juifs y renvoient
celles qu'ils ont rognées ailleurs, fur lefquelles ils font
un gros profit, pour ne pas
dire grande friponnerie.

CHAPITRE VII.

Du Gouvernement, des Etats du Roiaume, & de la maniere d'adminiſtrer la Juſtice.

COmme un Etranger a beſoin ſur touté choſe, de connoître le Gouvernement d'un païs où il voiage, afin d'y pouvoir regler ſa conduite dans les occaſions, j'ai jugé à propos d'en traiter dans ce chapitre, avant de parler de la Religion.

Gou-
verne-
ment.

J'ai déja dit que la Couronne d'Eſpagne eſt hereditaire au fils aîné : que faute de fils, elle tombé en quenouille, & que le preſomptif heritier s'appelle Prince des Aſtu-

ries, en consideration de ce
que ce fut dans ce quartier
du Roiaume, où Pelage se
retira avec les Chrétiens qui
ne voulurent pas reconnoître
la domination des Mores, &
qui fut la premiere Province
qui secoüa le joug des Infideles. Le Roi d'Espagne envoie des Vicerois & des Gouverneurs dans les Roiaumes
& Provinces de sa domina-
tion ; il dispose de neuf Vi-
ceroiautez ; sçavoir Naples,
Sicile, Sardaigne, Arragon,
Valence, Navarre, Catalo-
gne, le Perou & la Nou-
velle Espagne : les principaux
Gouvernemens sont ceux des
Païs-Bas, de Milan, Galice,
Biscaie, Isles Majorque &
Minorque ; & aux Indes. Lima, Castra, Saint Michel,

de Plata, &c. Ceux d'Europe ne font que pour trois ans, & ceux des Indes pour fix, à moins qu'ils ne foient con- tinuez, & cela fuffit pour les enrichir confiderablement.

Les Charges de Judicature & Militaires ne fe vendent point, on les donne fouvent à la faveur plûtôt qu'au me- rite ; ce qui a fes inconve- niens, auffi-bien que la ve- nalité dans les endroits où on les vend : cependant il y a des Villes, comme Cordouë, Grenade, Seville, &c. où la juftice eft adminiftrée par une Compagnie de gens qu'on appelle *Cabildo*, qui ache- tent leurs Charges, & font hereditaires dans leurs fa- milles.

Autrefois on affembloit les

Etats Generaux du Roiaume, qu'on appelloit Conciles, pour proceder à l'élection des Rois, & regler tous les differens qui survenoient au sujet du Gouvernement : mais on leur a ôté tous ces privileges, & à peine en reste-t-il quelque teinture dans ce qu'on appelle *las Cortes*, ou les Cours, qu'on convoque pour confirmer le Prince des Asturies du vivant de son pere, & le reconnoître successeur à la Couronne. Toutes les Villes du Roiaume n'ont pas droit d'y députer ; Charle-quint regla qu'il n'y auroit que seize Villes & deux Bourgs qui auroient ce privilege : sçavoir Burgos, Leon, Grenade, Seville, Cordouë, Murcie, Jaen, Tolede, Segovie, Salaman-

que, Avila, Toro, Zamora,
Cuença, Soria, Guadalaxar,
& les deux Bourgs font Validolid & Madrit, parce qu'elles ne font pas enceintes de
murailles. Dans cette ceremonie qui fe fait ordinairement
dans l'Eglife, le Roi & le Prince font du côté de l'Epître,
& les Prelats du côté de l'E-
vangile, & aprés que les De-
putez ont prêté ferment de
fidelité au Prince, un Secré-
taire de l'Affemblée s'adref-
fant au Roi, dit à haute voix.

*Vôtre Majefté, au nom du
Sereniſſime Prince N. N. accepte le ferment de fidelité, foi
& hommage, & tout ce qui a
été fait aujourd'hui en faveur
dudit Sereniſſime Prince, demande aux Secretaires & Gref-
fiers des Etats qu'ils en portent*

*témoignage : & ordonne qu'on
aille recevoir le même ferment
de tous les Prelats, Grands &
Gentilshommes qui ne se trouvent pas ici.*

A quoi le Roi répond : *Oüi
je l'accepte, je le demande & je
l'ordonne.*

Ceux qui veulent parvenir
aux Charges de Judicature,
doivent avoir étudié la Phi-
losophie & les Humanitez
dans les Universitez d'Espagne, dont les principales sont
Salamanque & Alcala; aprés
quoi il faut étudier quatre
ans les Loix pour être reçû
Bachellier, qui est un titre
necessaire à un Avocat: ceux-
ci peuvent devenir *Alcaïde*
ou Baillif: mais pour cela il
est necessaire d'avoir des a-
mis parmi ce qu'on appelle

84   *Voïages historiques*
Consultans des Universitez ,
afin de tâcher d'être du nombre des trois qu'on propose
au Roi, pour en choisir un
afin d'en remplir la place va-
cante. La marque d'autorité
de tous les Officiers de Justice,
est une petite baguette blanche qui est fort respectée
en Espagne ; car dés qu'un
Officier en a touché quelqu'un, il est reconnu criminel, & ne peut plus être
protegé de personne, jusqu'à
ce qu'il ait été justifié.

On fait trancher la tête
indifferemment à tous ceux
qui ont tué quelqu'un, au
lieu qu'en France on ne dé-
capite que les Gentilshommes : mais on observe une
particularité remarquable ;
c'est que si le criminel a

tué son homme en traître, le
bourreau lui donne le coup
par derriere ; & au contraire
il le reçoit par devant s'il a
ôté la vie à son ennemi en
le frapant par devant.

A l'égard des procez, lors
qu'ils ont été instruits dans
les endroits où ils font in-
tentez , les Commissaires
les envoient dans des facs
cachetez à des Tribunaux
fort éloignez, pour être jugez fur l'instruction ; aprés
quoi on les renvoie avec la
Sentence ou Jugement : ainsi les plaideurs n'ont pas
besoin de perdre leur tems
& leur argent en follicita-
tions. Il feroit à fouhaiter
que cela fe fît par-tout de-
même : cependant cette maniere a fes inconveniens ;

car outre que les Juges n'é-
xaminent bien souvent que
les premieres pieces du procez qui leur tombent sous la
main, il arrive aussi que ces
Procez seront des cinquante
& soixante années sans être
jugez, sans que les parties
sçachent où reclamer les
pieces originales qu'ils y ont
attachées, & qui peuvent
leur être necessaires ailleurs.

CHAPITRE VIII.

De la Religion, de l'Inquisi-
tion, des Ecclesiastiques &
de quelques devotions des
Espagnols.

Quoique la Religion Ca- Reli-
tolique, Apostolique & gion,
Romaine, soit la seule permise
en Espagne & en Portugal, il
ne laisse pas d'y avoir encore
beaucoup de Juifs & quelques
Mores qui ne sont pas connus:
Hermenigilde fut le premier
Prince Chrêtien qui regna en
Espagne, vers la fin du sixiéme siecle, aiant été converti
à la foi par sa femme Ingonde
de France, fille de Sigebert,

Ce n'est pourtant pas depuis ce temps-là que les Rois d'Espagne ont été surnommez *Catholiques*; Ferdinand V. fut le premier à qui ce titre fut donné par le Pape Alexandre VI. aprés la prise de Grenade.

On a remarqué que la severité du Tribunal de l'Inquisition qu'on appelle *Saint Office*, a causé plus de mal que de bien ; en effet, pour peu de connoissance qu'on ait de l'histoire, on ne peut pas ignorer que c'est à l'Inquisition à qui il faut attribuer la perte que Sa Majesté Catholique a faite des Provinces-Unies, & le dépeuplement de l'Espagne, qui ont tellement affoibli le Roiaume, qu'il n'a pû resister ni aux Portugais, ni aux François ; qui lui ont enlevé une partie

partie des Etats que Philippe
II. & Philippe III. avoient
possedez.

Ce Tribunal fut établi en
Espagne par une Bulle de
Sixte IV. en 1483. Torque-
meda Dominiquain, Confes-
seur de la Reine Isabelle, fut
le premier pourvû de la
Charge de Grand Inquisi-
teur. Et par un privilege que
Philippe III. accorda à l'Ordre des Dominiquains, un des
cinq Conseillers dont il est
composé, doit être de leur
Ordre. Outre ce Conseil General qui reside à Madrit il
y en a plusieurs autres dans
les Etats de Sa Majesté Ca-
tolique, qui ressortissent à celui-ci ; sçavoir, à Seville, à
Tolede, à Grenade, à Cordoüe,
à Cuença, à Validolid, à Mur-

cie, à Derena, à Logronnon, à Compostelle, à Saragosse, à Valence, à Majorque, à Barcelonne en Sardaigne, à Palerme, aux Canaries, au Mexique, à Cartagene & à Lima.

Ils ont une infinité d'Officiers ou espions pour veiller non seulement à la conduite des gens, mais même à leurs paroles pour en avertir l'Inquisition ; sur le moindre soupçon on emprisonne un homme, qui, aprés avoir été sept à huit mois dans un cachot, est mené devant les Juges qui lui demandent pourquoi il a été arrêté, & s'il répond qu'il n'en sçait rien, comme il est tres-souvent vrai, on le renvoie dans la prison jusqu'à ce qu'il plaise aux Juges de l'interroger : en-

fin il est toûjours traité de
la sorte jufqu'à ce qu'il se soit
accusé lui même ; & alors
sur sa propre accusation ou
sur les témoignages qui sont
produits contre lui, on le
condamne à être brûlé vif,
au foüet, ou à être promené
par la Ville, attaché à la queuë
d'un âne, avec des écritaux
diffamatoires, chacun aiant
la liberté de le fraper & de
lui jetter de la boüe : le Roi
n'a pas la permiffion de donner grace à un criminel accusé ou condamné par l'In-
quifition, & alors quand on
fait quelque execution, les
Grands d'Espagne font obligez de faire la fonction d'Ar-
chers, c'est à dire d'accompagner les crimmels.

Il ne faut pas s'étonner si

les Ecclesiastiques sont tous riches en Espagne, aiant la porte ouverte à toutes sortes d'acquisitions & fermées aux moindres alienations ; outre qu'ils tirent la dîme de tout le revenu des biens seculiers : il n'y a point de Convent qui par sa fondation n'ait dequoi avoir du pain, du vin, de la viande, du sel & de la nége en été, pour le nombre des Moines qui y doivent être.

Il y a huit Archevêchez en Espagne, qui ont quarante-cinq Evêchez suffragans : les Metropoles sont l'Archevêché de Tolede qui a de revenu trois cens mille ducats. Celui de Burgots 40000. D. Celui de Compostelle 40000. Celui de Seville . . 80000. Celui de Grenade 60000,

Celui de Valence · 40000.
Celui de Saragoce 60000.
Et celui de Terragone. 35000.

Les Espagnols passent plûtôt pour être superstitieux
que veritables devots ; ils
croient que ceux qui font nez
le Vendredi Saint, gueris-
sent les pestiferez de leur fou-
fle, tuent du même vent les
chiens enragez & ne crai-
gnent point le feu, quand
même ils entreroient dans
une fournaife : cependant
ceux qui font nez ce jour-là
fe contentent de le croire fans
en faire l'experience : ils ont
plufieurs opinions de même
nature, fondées fur leur feu-
le ignorance.

Ils ont une grande charité
pour les ames de Purgatoire,
& à ce fujet je ne puis m'em-

pêcher de raconter ce que le Comte de Vila-Medina fit à un Moine qui demandoit dans l'Eglise pour les ames de Purgatoire, quoi-qu'on puisse l'avoir déja lû ailleurs. Il demanda au Moine ce qu'il faloit pour délivrer une ame, à quoi il repliqua, ce qu'il plairoit à sa Grandeur, & comme le Comte eut jetté une double pistole dans le bassin, le Pere se prit à faire un grand signe de croix,

disant. *Ha ! Seigneur, vous venez de délivrer une belle ame d'une cruelle peine;* cela obligea le Comte de lui demander comment il pouvoit le sçavoir : *C'est,* dit le Moine, *que le Saint Esprit vient de me faire voir le Ciel ouvert, & les bienheureux tendant les*

*bras à toute ame, qui est entrée
dans la Beatitude.* Cela étant,
repliqua le Comte, vous n'a-
vez plus befoin de ma double piftole , puis que ceux
qui font une fois en Paradis
ne craignent plus les flâmes
du Purgatoire, ainfi il la re-
prit & la mit dans fa poche.

La veille des bonnes Fêtes
on fait des Proceffions dans
toutes les Villes, où l'on voit
quantité de Penitens, la moitié du corps nud, qui fe dé-
chirent la peau avec une dif-
cipline ; les uns le font par
ordre du Confeffeur, les autres par une pure devotion,
& d'autres par hipocrifie ; car
paffant fous les fenêtres de
leurs maîtreffes ou d'autres
perfonnes pour qui ils ont
du refpect, ils affectent de

redoubler les coups afin de leur donner le divertissement de cette flagellation.

Il se fait une autre Procession le jour de la Fête-Dieu, qui paroît encore plus ridicule, & l'une & l'autre ressentent fort les folies & les superstitions des Affriquains: A la tête de cette Procession marchent une bande d'hautbois, castagnettes, tambours

de basque & quantité de personnes dans des machines de carton, qui forment des geans & autres monstres, dansant & gambadant au son de ces instrumens, qui attirent plûtôt la risée du peuple, qu'ils n'excitent la devotion. Parmi ces affreuses figures, il y a un serpent d'une grosseur extraordinaire qu'on met sur

des

des rouës, & les hommes ca-
chez dans cette machine, font
mouvoir cet animal de carton peint, de maniere qu'a-
vec sa gueule, il enleve bien
souvent le chapeau de ceux
qui s'en approchent; & ceux
qui le voient pour la premiere fois, ne peuvent qu'en être
effraiez.

Ils appellent ce serpent *Ta-*
rasca, du nom de Tarascon
en Provence ; parce que,
dit-on, il y avoit autrefois
dans le bois de Tarascon, un
gros serpent aussi ennemi de
l'homme, que celui qui sedui-
sit Eve dans le Jardin d'E-
dem, & que sainte Marthe
par ses oraisons triompha de
cet animal, l'aiant étranglé
avec sa ceinture.

A propos de ce badinage,

il me souvient d'avoir vû à Valence en Dauphiné, en l'année 1678. plusieurs mariniers Provenceaux qui remontant le Rhone, s'y rencontrerent le jour de leur Fête, & y firent à peu prés une semblable figure de carton, qu'ils nommoient *Tarasque*, la promenant par la Ville, & causant une épouvante generale aux petits enfans & de l'horreur aux femmes grosses.

Mais si les Espagnols tiennent ce divertissement des Provenceaux, ils devroient, comme eux ne s'en servir que dans leurs réjoüissances, & non pas aux journées où l'on doit mettre toute son application à celebrer saintement la Fête du Createur du Ciel & de la Terre,

Au tems de la la Fête-Dieu
les Comediens ferment leur
Theatre pendant environ un
mois, .& reprefentent dans
les places publiques des Comedies fpirituelles : leurs
Theatres font illuminez de
flambeaux, quoi-qu'en plein
jour & en pleine ruë ; au
lieu que dans les endroits ren-
fermez, où ils reprefentent
leurs autres pieces, ils n'ont
d'autre clarté que celle du
Soleil.

La ceremonie que les Efpagnols font la veille de Noël
ne paroît pas moins ridicule
à ceux qui n'y font pas ac-
coûtumez. Les Moines & autres Ecclefiaftiques reprefentent dans le Chœur de leurs
Eglifes des Comedies burlef-
ques, avant & pendant la

Messe de minuit ; ils se tra-
vestissent en femmes, ou
prennent d'autres déguise-
mens, mettant sur leurs visa-
ges des masques défigurez ,
comme la jeunesse fait en
France, à Rome & à Venise
les derniers jours du carnaval
les tambours de basque & les
hautbois sont mêlez avec l'ar-
monie des orgues. Aprés
quelques ceremonies, ils font
une procession dans l'Eglise
sans se démasquer, sautant &
dansant, & faisant faire les
mêmes postures aux Images
de la Sainte Vierge, de Saint
Joseph , & à un petit Jesus
qu'ils portent dans un lit ; ils
pretendent justifier leur procedé, en disant qu'ils imitent
le Prophete Roial , qui sau-
toit & joüoit de la harpe lors

qu'il se réjoüissoit au Seigneur.

Avant de finir ce chapitre,
je dois remarquer que s'il
meurt une personne qui n'ait
pas dequoi se faire enterrer,
les Prêtres la font porter de
carrefour en carrefour, & on
va quêter dans les maisons
voisines pour subvenir à la
sepulture ; & si c'est dans un
village où le peu de faculté
des habitans ne promet pas
une colecte fort considerable,
on expose le mort sur les
grands chemins, le visage à
découvert.

CHAPITRE IX.

*Des Ordres de la Toison d'Or,
de Calatrava, d'Alcantara
& de Saint Jacques, des
Grands d'Espagne, & de la
Noblesse.*

L'Or-
dre de
la Toi-
son
d'Or.

Comme l'Ordre de la Toison d'Or n'est qu'un titre honoraire, les Espagnols ne s'empressent pas beaucoup de l'acquerir ; aussi les Rois d'Espagne ne le donnent gué-re qu'aux Princes ou Seigneurs Etrangers. Le vulgaire dit que cet Ordre fut institué à l'honneur de la Sainte Vierge & de S. André, à l'occasion de ce qu'un païsan reçût de la main d'un

Ange une Toifon d'Or, avec ordre d'amaſſer des troupes fous cet étendart, pour chaſ- fer les Mores d'Eſpagne ; quelques Auteurs veulent que cet Ordre fut inſtitué en me- moire de Gedeon, qui, avec trois cents hommes, défit un nombre prodigieux de Ma- dianites ; d'autres, que c'étoit à cauſe du grand revenu que les laines des Païs-Bas rap- portoient à leurs Princes. Il y en a encore qui veulent que lors de l'inſtitution de cet Ordre, on avoit eu en vûë la pêche de l'or qu'on faiſoit autrefois dans quelques rivie- res de Colchide, avec des toiſons de moutons qu'on jet- toit dans l'eau, auſquelles les grains d'or que la riviere en- traînoit s'attachoient : mais j'ose dire que tout cela n'est que fables, & que la verité est que cet Ordre fut institué à Bruges par Philippe le Bon Duc de Bourgogne, en 1429. & voici ce qui y donna oc-casion.

Ce Prince étant un jour entré dans la Chambre d'une Dame de Bruges parfaitement belle, & pour laquelle il n'é-toit pas insensible, trouva sur sa toilette une assez bonne quantité de cette matiere dont il est fait mention dans les Contes de Monsieur de la Fontaine, que le Diable ne put jamais redresser sur son anclume. Comme celle-ci se trouva d'un fort beau blond, le Duc qui s'apperçût de la confusion où la Dame étoit tombée, & de la raillerie que

commençoient à en faire ſes
courtiſans, inſtitua un Ordre
qu'il nomma *de la Toiſon
d'Or*, & voulut en être le
Grand Maître. Cet Ordre
eſt aujourd'hui commun à
tous les Princes de la Maiſon
d'Autriche, qui ſont deſcen-
dus de Marie de Bourgogne
fille de Charles le Hardi. Ils
portent une Toiſon ou Figure
de mouton d'or, penduë au
col, & les jours de ceremonie ils ont une robe de toile
d'argent, un manteau de velours rouge cramoiſi, & le
chaperon de velours violet.

A l'égard des autres Ordres
de Chevalerie d'Eſpagne, celui de Calatrava fut inſtitué
par le Roi D. Sanche en 1158.
& fut ſurnommé le Galant,
parce qu'on n'y admettoit que

jeunes Cavaliers; la marque
de fa Chevalerie eft une croix
rouge fleuronnée. Ce nom
nom lui fut donné de celui
de la Ville de Calatrava , à
caufe qu'ils la défendirent
vaillamment contre les Mores. Il faut remarquer en paffant qu'autrefois les Chevaliers de ces trois Ordres é-
toient des Religieux qui ne
fe marioient point : mais pre-
fentement ils fe marient prefque tous (avec difpenfe du Pape) & ils doivent avant d'être
reçûs Chevaliers faire preuve
de Nobleffe , & qu'ils font
defcendus de race Chrêtien-
ne , fans mélange de Mores
ni de Juifs , ce qui eft affez
difficile. Je crois que le Lecteur ne me fçaura pas mauvais gré de la lifte que je vais

lui donner des Commanderies
de ces trois Ordres, & de
leur revenu ; voici celles de
l'Ordre de Calatrava.

·. La Commanderie du Grand
Maître, autrement appellée
Mayor   10500. ducats.
Celle de Claveria   ·   9000.
D'Almagro   1000.
De Herrera ·   3000.
De Mançanares   6500.
Del Moral   7500. ·
D'Obreria   4000.
D'Aymiel   2700.
De Montan Chuelos   1500.
De Pozuela   1100.
De Torroba   1300.
De Carion   1800.
De Valdepennas   3500.
Del Fuente del Moral   1000.
De Caftelanos   2000.
De Alcolea   ·1400.
D'Almodovar   del   Campo
   2700.

ESPA-
GNE.

De Almoradiel	1500.
Del Puertollano	1600.
De Ballesteros	1300.
De Volannos	700.
De Jozual	1100.
De Castilleras	4500.
De las casas de Cordoüa	2500.
De las casas de Toledo	1200.
De las casas de Talavera	800.
De las casas de Plesentia	3300.
De las casas de Sevillia	3000.
Del Coral	2600.
De Viveros	3400.
Des Orita	500.
Des Canaveral	2000
De Veleja	1100.
Et de Lopera.	1600.

De sorte que ces trente-
quatre Commanderies rap-
portent quatre-vingt-treize
mille deux cents ducats de
revenu tous les ans.

L'Ordre d'Alcantara, surnommé le Noble, à cause qu'il faut pour y être reçû, faire preuve de Nobleſſe de trois races , fut inſtitué par le Roi Fernand II. en 1177. ſa marque eſt une croix verte fleuronnée. Il a vingt-ſept Commanderies qui rapportent quatre-vingt-dix-huit mille cinquante ducats de revenu, dont voici la liſte.

La Commanderie Mayor 10500. ducats.

Celle de Claveria	6150.
D'Azauchal	2200.
De Hornos	800.
De Calamin	2200.
De las caſas de Calatrava	2500.
De Portecuelo	3200.
De la Puebla	1200.
De las caſas de Corica	1600.
De Nelis y Navara	1500.

De Elgas	3500.
De la Moraleja	4000.
De sancti Bannez	4000.
De la Mayora	4500.
De Paragal	1100.
De Beluys de la Sierra	1000.
De Yenfayen	1300.
De Castil-novo	4500.
De los Desmos	2000.
De Porto Galeza	1500.
Cabeca del Buey	3600.
De sancti Spiritus	2000.
De la Zalamea	4300.
De Quintana	1000.
De la Paradella	2000.
De la Galizuela	2500.
Et de Paragosa	3300.

L'Ordre de Saint Jacques pretend le disputer en ancienneté aux deux autres; quelques Auteurs veulent conter son institution dés l'an 844. parce, disent-ils, que Saint Jacques apparut au Roi Don Ramire, & lui promit le gain de la bataille qui se donna prés de Lon-gronnon entre son armée & celle des Mores : mais d'au-tres ne la prennent que du jour que le Pape Alexandre III. approuva cet Ordre, qui suivoit la Regle de Saint Au-gustin, & qui lui fut presenté au nom de treize Gentils-hommes qui demandoient cette Chevalerie : cela arri-va vers l'année 1175. sous le Roi Fernand Second.

Quoi-qu'il en soit, cet Or-dre fut à juste titre appellé le riche, à cause que les Commanderies sont en beau-coup plus grand nombre & plus considerables que celles des autres. La marque de cette Chevalerie est une croix rouge en forme d'épée: il a quatre-vingt-sept Commanderies qui rapportent deux cents septante-un mille sept cents dix ducats de revenu annuel. Il est à remarquer qu'il y a trois Commanderies *Mayor*, au lieu qu'il n'y en a qu'une dans les autres Ordres. Tous les Chevaliers peuvent s'asseoir & se couvrir devant le Roi, lors qu'il tient Chapelle de l'Ordre. Voici quelles sont les Commanderies de cet Ordre.

La Grande Commanderie de Castille, qui vaut 14000. ducats.

La Grande Commanderie de Leon   12000.

La Grande Commanderie de Mon-

Montalvan 4000.
La Commanderie d'Ocanna
1500
Celle de Montalegre 5000.
De Montreal 10000.
De Dos Barios 1800.
De Villa Rubia 1200.
De Viſſoria 2000.
De Viedma 1500.
D'Orcajo 40000.
De Poco rubio 1600.
De Mirabel 1310.
De Villa Major 2000.
Del Campo de Criptana 1500.
De Villa Eſcuſa de Haro 1500.
De Socuelamos 14000.
Del Coral 1600.
De ſancta Crux de la Zarca
1000.
De los baſtimentos de Caſ-
tilla 2500.
Baſtimentos del campo de
Montiel 3000.

ESPA-
GNE.

De Aledo	4000
Del Caravaca	12000
De Zieza	1200
De la Cote	6000
De Socobos	4500
De Moratalla	6400
De Montison	3200
De Tores	1000
De Montiel	1800
De Carricosa	1200
De la Mambra	9000
De Segura	2000
De Veas	5000
De Yeste	6000
D'Albanchen	5000
Vlila Nueva	1560
De Demerida	4500
D'Albange	5200
D'Altuesta	2000
D'Ornachos	5500
De Palamos	1500
D'Oliva	1000
De Villa Hermoza	4000

D'Ozuaga	10000.	**ESPA-**
De Guadal Canal	4200.	**GNE.**
De Puebla de Sancho Perez		
2000.		
De la Reina	4500.	
De la Fuente	2100.	
De los Santos	4300.	
De Villa Franca	1000.	
De la Bienvenida	3000.	
D'Uſagré	2500.	
De Ribera	3000.	
D'Inojoſa	1200.	
Baſtimentos de Leon	6000.	
Las caſas de Cordoua.	3000.	
De la Barra	3000.	
De Caſtroverde	600.	
De Ponna Uſende	1500.	
De Trianan	1500.	
D'Orchenta	500.	
De los Muſeros	400.	
De Qara y Zenete	2000.	
D'Avelino	1500.	
De Faradel	400.	

ESPA-GNE.		
De Sancolorio	1000.
De Vauzette	2000.
D'Orion	500.
D'Estepa	6000.
De Paracuellos	2000.
Del Montijo	1500.
De Mohernando	2000.
D'Oreja	3000.
De Lobon	1000.
D'Estremera	800.
De Mora	1500.
De Nuclamo	400
De Murezi.	500
De Castilleja	300
D'Almendralejo	2400
Medina de las Tores	2500.
De Montemolin	1400
De Monasterio	1500
De Cascadilla	1500
De Castroverde	300
Et d'Aquilarejo	600

Des Grands A l'égard des Grands d'Espagne, il y en a de trois clas-

ses; de la premiere sont ceux
qui se couvrent avant de
parler au Roi; la seconde
ceux qui se couvrent aprés a-
voir commencé de parler, &
& la troisiéme ceux qui ne se
couvrent qu'aprés avoir parlé & s'estre retirez à leur
place. Il y a quatre-vingt-
treize Grandesses en Espagne: mais il y en a plusieurs
dans une même famille, parce que cet honneur étant an-
nexé aux Terres & Seigneu-
ries, ceux qui en heritent,
même les filles, heritent aussi
de la Grandesse, & la con-
ferent à leurs maris. Il est
vrai qu'il y a des Grands qui
ne l'étant qu'à vie, leur dignité meurt avec eux; les
uns ni les autres ne peuvent
pourtant se couvrir avant que

le Roi leur ait fait signe, ce qu'il ne manque jamais de faire lors qu'il en est tems.

Des
Nobles

On ne fait pas grand état de la Noblesse en Espagne, si l'on en excepte ceux qui sont Chevaliers des Ordres Militaires, ou s'ils ne sont revêtus de la qualité de Duc, Comte, Marquis, &c. cependant ils ont les uns & les autres un privilege considerable, qu'on appelle *Mayozango*, par lequel si leurs creanciers leur font arrêter leur revenu, ils obtiennent des Juges une provision pour leur entretien & celui de leur train, qui bien souvent monte au delà du revenu, & cette provision se leve preferablement à tout creancier.

Les Espagnols ont quantité

de domestiques, & cela ne
peut être autrement, puisqu'ils n'en congedient jamais ; car lors que le maître
ou la maîtresse viennent à
mourir, ils entrent tous au
service du plus proche heritier, ce qui augmente considerablement son train, &
incommode ses coffres : on
leur paie leurs appointemens
à tant par jour, surquoi ils
se logent & se nourissent
hors de la maison.

CHAPITRE X.

Des Conseils d'Espagne.

ON tient à Madrit plu-
sieurs Conseils dans le
Palais du Roi, & les Cham-

bres sont disposées de maniere le long d'une gallerie,
que Sa Majesté peut entendre à travers d'une jalousie
tout ce qu'on y agite lors
qu'elle ne veut pas y entrer.

Le Conseil d'Etat est le premier en rang, dont le nombre de ses Conseillers n'est
pas fixé : il s'assemble tous les
Lundis & Mardis une fois,
& deux fois le Samedi.

II. Le Conseil Roial de
Castille fut établi par Ferdinand III. en 1246. il s'assemble tous les Vendredis, &
prend connoissance des affaires de Castille. Il a qua-
rante-huit Officiers.

III. Le Conseil de guerre,
qui fut établi par Pelage en
720. s'assemble les Lundis,
Mercredis & Vendredis, pour
deli-

deliberer des affaires de la guerre : le nombre de ses Conseillers n'est pas fixé.

IV. Le Conseil Suprême de l'Inquisition fut établi en Espagne, comme j'ai dit ailleurs, en 1483. sous le Regne de Ferdinand & d'Isabelle sa femme, pour veiller à la défense & à la conservation de la Religion Catholique, Apostolique Romaine.

V. Le Conseil des Ordres Militaires fut érigé en 1489. pour connoître des affaires qui regardent les Chevaleries de Calatrava, d'Alcantara & de Saint Jacques.

VI. Ferdinand établit en 1494. le Conseil d'Arragon, qui fut confirmé par Charlequint en 1522. il connoît des affaires d'Arragon, de Va-

ESPA-
GNE.
lence, de Catalogne & des Isles de Majorque, Minorque & Sardaigne.

Conseil d'Ita-lie.
VII. Le Conseil d'Italie fut érigé par Charlequint en 1555. pour connoître des affaires d'Italie ; il est composé d'un President & de six Conseillers.

Conseil des In-des.
VIII. En 1511. on avoit déja créé un Conseil qu'on nomma *des Indes*, pour prendre connoissance des affaires du nouveau Monde.

Conseil des Fi-nances.
IX. Le Conseil des Finances qu'on appelle de la Hazienda, fut établi par Philippe III. en 1602. pour prendre soin du recouvrement & de l'administration des Finances du Roiaume. Il est composé d'un President & de huit Conseillers.

X. Mais Philippe IV. pour soulager ce Conseil, qui avoit trop d'affaires sur les bras, créa en 1653. une Chambre qu'on nomma *Iunta de Mil-liones*, qui à proprement parler n'est que le Bureau General de recepte des droits mis sur les danrées ; & comme ils se montent à des sommes immenses, cela a donné lieu au mot de millions dont on a baptisé ce Conseil.

XI. Le Conseil de la Croisade fut établi en 1509. en vertu d'une Bulle du Pape Jules II. qui permettoit aux Rois d'Espagne de lever un droit sur les Ecclesiastiques, à condition que ces deniers seroient emploiez contre les Infidelles qui infestoient les côtes d'Espagne. Ce Con-

ESPA-GNE.

Conseil de Mil-lions.

Conseil de la Croisa-de.

seil donne la permission de
publier des Jubilez, d'imprimer des Livres, de manger
de la viande, &c.

XII. Philippe IV. érigea
en 1628. le Conseil de Flandres, pour prendre connoissance de tout ce qui regar-
doit les affaires des Païs-Bas.

XIII. Don Alonze créa en
1341. un Conseil appellé *d'A-
posento*, qui prend soin de
loger les Officiers de la Maison du Roi, & prend con-
noissance du droit qu'a Sa
Majesté sur les premiers appartemens de toutes les Maisons de Madrit, dont je parlerai plus bas.

XIV. Outre le Conseil de
Castille, il y a encore le
Conseil de la Chambre de
Castille, que Charlequint

eréa en 1518. pour avoir foin de rendre compte au Pre-fident de Caftille, des pof-tes & charges qui font à remplir dans les deux Caf-tilles.

XV. Le même Charle-quint établit en 1545. le Con-feil de *Iunta de Bofques Réa-les*, pour avoir infpection fur les Bois & Forêts, ainfi que fur les Maifons Roiales, tant de la Ville que de la cam-pagne.

ESPA-GNE.

Confeil des Bois & Fo-rêts.

CHAPITRE XI.

*Des Indes, des revenus & for-
ces d'Espagne, & des cau-
ses de sa foiblesse.*

**Des
Indes.**

LEs revenus des Rois d'Espagne ont tant de rap-
port au commerce des Indes,
que je me vois obligé de sortir des bornes de l'Europe,
pour passer dans le nouveau
Monde, afin de remarquer
que Christophe Colomb, natif de Genes, fut le premier
qui découvrit les Indes Occidentales en 1492. sous le
Regne de Ferdinand, à qui
le Pape Alexandre VI. donna & à ses successeurs la proprieté de tout ce grand païs:

mais cette vaste donation ne
peut s'entendre que du spiri-
tuel ; car à l'égard du tem-
porel, il ne pouvoit y avoir
plus de droit que les autres
Princes Chrêtiens. Cepen-
dant si le Pape a pû donner
aux Espagnols le bien des Indiens, parce qu'ils étoient
Paiens, il semble qu'on devoit les leur rendre lors qu'ils
ont reçû la foi de JESUS-
CHRIST.

Sous le Regne de Charle-
quint, François Pizzarre découvrit le Perou, fit prisonnier Attabalipa, qui avoit
succedé a Guma Capa son
pere Roi du Perou, de qui
il tira une pique d'or en qua-
ré pour sa rançon. Sous le
même Regne les Espagnols
passerent au Mexique, où ils

commirent des cruautez i-
noüies, non ‑ feulement envers le peuple , mais même
envers l'Empereur Qualtimac
que Cortez General des Efpagnols fit mettre à la gêne,
pour découvrir de lui où l'on
avoit caché fes trefors , qu'il
ne trouvoit pas fi confiderables qu'il fe l'étoit figuré , &
enfuite il le fit pendre. On
pourroit faire un fort gros
volume de toutes les cruautez qu'on y a pratiquées envers les pauvres Indiens, &
il ne faut pas s'étonner fi les
Miffionnaires Efpagnols ont
fait fi peu de bons Chrêtiens
en ce païs-là ; & l'on remarque qu'un Indien qui avoit
déja pris quelque teinture
du Chriftianifme , étant à l'article de la mort alloit rece-

voir le Batême : mais aiant
demandé s'il y avoit des Eſ_
pagnols en Paradis, ſur ce
qu'on lui dit qu'oüi, il ré_
pondit que ce lieu ne pou_
voit être un lieu de repos,
puiſqu'il y avoit de ſi mé_
chantes gens, & ſe replon_
gea dans ſon Paganiſme.

La plus grande quantité
d'or & d'argent qu'on tire
des Indes, vient des mines
du Mexique, ou de celles de
Potoſi en Amerique. Il eſt
permis à toute ſorte d'Eſpa_
gnols d'en faire tirer, à con_
dition que tout ſe tranſpor_
tera en Europe ſur les vaiſ_
ſeaux du Roi, & que pour
droit d'enregiſtrement, on
en paie dix pour cent à Sa
Majeſté Catholique.

Et comme on aſſure qu'il

Or &
argent
des Indes.

vient tous les ans plus de cent millions d'or & d'argent des Indes Espagnoles, il semble que le Roi en devroit avoir dix millions pour sa part : cependant il est certain qu'il n'en a pas deux millions & demi, une année portant l'autre, parce que les Marchands s'accommodent avec les Capitaines des galions, qui avant d'arriver à Cadix, font rencontrez par des vaisseaux François, Anglois, Hollandois ou Genois que les Interessez ont envoié à leur découverte, sur lesquels les Capitaines déchargent ce qui n'a pas été enregistré ; ainsi le Roi se trouve frustré de ses droits, & il n'y a que les Etrangers qui profitent des richesses du nouveau Monde.

Car quoi-qu'il n'y ait que les Espagnols qui aient la liberté de négocier dans les Indes de la domination de Sa Majesté Catholique ; ceux-ci sont trop faineans, & ne font que prêter leur nom aux Etrangers qui leur donnent une petite portion au gâteau : & ce n'est pas sans raison qu'à cet égard on a consideré l'Espagne comme la bouche de l'Europe, par laquelle toutes les richesses du nouveau Monde passent pour se communiquer aux autres parties du corps : d'autres l'ont comparé à l'âne d'Arcadie, qui bien-que chargé d'or, ne broutoit que des chardons.

Ainsi il ne faut pas s'étonner si l'on voit plus de pis-

toles dans les païs étrangers
qu'en Espagne, outre la quantité qu'on en fond en France & en Angleterre, pour
fraper des loüis & des gui-
nées ; car comme les Espagnols ont besoin des draps,
toiles & autres marchandises
de leurs voisins pour envoier
aux Indes, on les leur fait
paier en or & en argent.

Si le Roi d'Espagne ne tire
pas de grands profits des Indes, ceux que lui-rappor-
tent ses Etats au Païs-Bas &
en Italie ne sont pas fort
considerables, puisqu'ils ne
suffisent pas pour y entretenir les forces necessaires à
leur seureté. Enfin on asseure
que tous les revenus que Sa
Majesté Catholique tire d'Espagne, des Indes, des Païs

Bas, de Naples, de Sicile, de Milan & de ſes autres Etats, ne ſe montent qu'à vingt-quatre millions huit cent vingt-deux mille livres tous les ans en tems de paix ; auſſi eſt-il certain que ce n'eſt pas par ſes propres forces qu'il conſerve ſes Etats, mais par celles de ſes voiſins & alliez. Ce revenu ſe prend principalement ſur les droits d'entrée & de ſortie, ſur les impôts mis ſur les danrées, n'étant permis qu'aux Commis des Fermiers de vendre du pain, du vin & de la viande. Le Roi tire auſſi un profit conſiderable du papier timbré, parce que chaque feüille ſe vend à proportion de l'uſage qu'on en fait : par exemple, ſi c'eſt pour un contract de peu de

conséquence , le papier ne
coûte que trois, quatre ou
six sols la feüille : mais si
c'est pour un testament, pour
un mariage, pour une obli-
gation ou une quittance, il
faut prendre du papier à proportion du capital de ce que
l'acte contient ; de sorte
qu'une feüille de papier coûte souvent vingt-cinq à trente écus ou davantage.

Ses forces maritimes ne
sont plus en aucune reputa-
tion, & cette Monarchie n'est
à proprement parler qu'une
ombre de ce qu'elle a été
autrefois. J'ai déja remarqué que depuis long-tems on
n'avoit pas vû huit mille Espagnols à la fois dans une
armée ; & on peut dire la
même chose à l'égard de ses

forces de mer, puisque depuis plus d'un siecle on n'a
pas vû vingt-cinq vaisseaux
de guerre Espagnols sous un
même Amiral.

Les levées de gens de guerre se font ici comme les levées de deniers en France ;
c'est-à-dire qu'il y a des Trai-
tans, qui s'obligent de four-
nir un certain nombre d'hommes & de chevaux dans un
tems limité. Il est à remarquer
que l'on coupe une oreille
à tous les chevaux destinez
à monter la cavalerie Espagnole, étant défendu sous peine de la vie, d'acheter de
tels chevaux, sans une permission de la Cour : mais les
cavaliers qui sont en Catalogne leur coupent l'autre o-
reille, & les vendent à des

gens qui les menent en France : à quoi les Officiers donnent d'autant plus volontiers
les mains, qu'ils ont une partie de l'argent, & laissent
l'autre aux cavaliers en dé-
duction de leur paie. L'in-
fanterie Espagnole a toûjours
passé pour bonne : mais sa
cavalerie n'est pas estimée.

De toutes les pertes que
les Espagnols puissent faire
des terres de leur domination, il n'y en a point qui
leur soit plus sensible que
celle de Catalogne : aussi lais-
sent-ils le soin de la défense
des Païs-Bas & de leurs Etats
en Italie, aux Princes qui en
sont les plus voisins, & s'at-
tachent seulement à conser-
ver leurs frontieres en Catalogne, Navarre, & Biscaie.

J'ai

J'ai déja remarqué que la principale cause de la foiblesse d'Espagne, est la paresse de ses habitans, aussi-bien que la trop grande étenduë de païs que les derniers Rois d'Espagne ont possedé : car personne n'ignore que tout l'or & l'argent qu'on a tiré des Indes, ne suffiroit pas pour païer les hommes que l'Espagne a perdu depuis un siecle, tant dans le nouveau Monde que dans ses autres Etats de l'Europe ; & on pourroit bien mettre au nombre des causes de sa foiblesse, le mauvais usage que l'on y fait de ses finances, puisque chacun tâche de s'y enrichir, & on n'y songe au bien public qu'aprés que ceux qui ont

ESPA-
GNE.

Sa foi-
blesse.

le maniement des affaires ont travaillé au leur particu-lier.

CHAPITRE XII.

Des combats de Taureaux, des Comedies & autres diver-tißemens d'Eſpagne.

LES Eſpagnols ont con-ſervé beaucoup de coû-tumes des Mores : mais celle où l'humeur ſanguinaire & la cruauté inveterée de ces Barbares paroît le plus, eſt la courſe des Taureaux, com-me elle ſe pratique encore à Alger, à Tunis & dans les autres principales Villes d'A-frique.

On prend ces Taureaux

dans les montagnes d'Andaloufie ; & pour les attirer hors
des forêts, on y envoie de
certaines vaches dreffées à
cela, qui les menent dans des
chemins paliffadez, qui con-
duifent de ces forêts jufqu'à
Madrit. Ceux qu'on choifit
pour le combat font marquez
quelques jours auparavant
d'un fer chaud à la cuiffe, &
d'un coup de cifeaux à chaque oreille.

Le jour du combat on les
mene dans la Place Mayor
de Madrit, qui eft environnée d'une barriere ; le Roi
y a fon balcon, & en fait
loüer pour les Miniftres E-
trangers & pour les autres
perfonnes de la premiere qualité, à qui Sa Majefté veut
donner ce divertiffement. Le

Com-
bats de
Tau-
reaux.

signal donné, on amene un Taureau dans la place, & a-lors ceux qui sont destinez pour le combattre vont l'attaquer : mais il est bon de remarquer qu'il y a de deux sortes de combattans, les uns à pied & les autres à cheval ; il faut que ceux-ci soient gentilshommes. Il n'est pas permis de tirer l'épée contre le Taureau qu'il n'ait auparavant insulté le cavalier, comme de lui arracher sa lance, faire tomber son chapeau, ou qu'il l'ait blessé lui, son cheval ou quelqu'un de ses gens ; en ce cas il est obligé de vanger l'affront qu'il vient de recevoir. Les autres cavaliers qui sont dans le parc ne peuvent seconder celui qui combat, mais seulement

prendre sa place lors qu'il a
été tué ou bleſſé : à la reſerve
que ſi le Taureau vient les
attaquer le premier, celui
qui ſe trouve inſulté ſe tient
pour appellé au combat. Lors
qu'il y a quelqu'un de bleſſé
ou de mort, on l'emporte
hors du parc au bruit des
trompettes & autres inſtru-
mens, ſans interrompre la
fête, qui continuë juſqu'à ce
que le Roi diſe c'eſt aſſez.
Le plaiſir que les Eſpagnols
y trouvent n'eſt conſiderable
que par la quantité de ſang
répandu; car la mort de deux
ou trois hommes n'eſt con-
tée pour rien. Ceux qui com-
battent à pied leur lancent
des fléches entrelaſſées avec
du papier; & lorsque le Taureau en a cinq à ſix plantées

ESPA-
GNE.

dans le cuir, on met le feu au papier, qui ne contribue pas peu à redoubler sa fureur & ses mugissemens.

Come-
dies.

Quoi-que les Comedies des Espagnols soient les plus pauvres du monde, on a moins de fraieur & on court moins de risque à ce divertissement qu'à l'autre. On les represente à la clarté du Soleil, afin d'aller à l'épargne : aussi les acteurs ne gagnent-ils pas assez pour avoir des bougies, n'aiant qu'environ un sol & demi de douze que chaque personne donne, le reste étant pour l'Hôpital ou pour la Ville. Pendant le carnaval les plus galans ont des coquilles d'œuf remplies d'eau de senteur, qu'ils jettent par civilité à

leurs maîtreſſes, & quoi-que
l'odeur en ſoit agreable, l'hu-
midité ne laiſſe pas d'incom-
moder.

Leurs autres divertiſſemens
ſont le jeu ou la promenade :
la plus belle de Madrit c'eſt
celle du Cours, qu'on ap-
pelle le Prado, embelli de
trois ou quatre fontaines
d'eau vive. Il eſt permis à toute ſorte de gens même à des
inconnus, de s'approcher de
la portiere des carroſſes des
Dames, lors qu'il n'y a point
d'hommes avec elles. Il y a
encore les promenoirs *d'al*
Rio & de la *Calle Mayor*, qui
ſont aſſez agreables. Lors que
le Roi eſt à la promenade, ou
que l'on rencontre ſon car-
roſſe, il faut par reſpect fermer les rideaux du ſien. C'eſt

dans ces sortes de promena-
des où les Amans se donnent
dés rendez-vous ; car quelque soin qu'y prennent les
peres & les maris, on ne laisse
pas d'y voir beaucoup de
femmes d'une moiennne vertu.

Cela me fait souvenir des
Cantonneras de Madrit, & il
vaut autant que je place leur
article ici que dans un autre
 endroit ; c'est de ce nom que
l'on appelle les bordels pu-
blics de Madrit : ils font ce
mêtier de l'autorité des Ma-
gistrats ; qui paient même
pension aux personnes qui
font emploiées dans ces sortes
de maisons. Il y en a dans sept
à huit endroits de la Ville, à
ce que l'on m'a dit ; ceux qui
les vont voir font obligez de
leur

leur paier six sols par visite ;
avant d'entrer il faut laisser
l'épée & le poignard à la
porte, qu'une vieille matron-
ne garde ; & un nouveau
chalant connoissant à cela
que la place est prise, n'o-
seroit y entrer jusqu'à ce que
le premier en datte soit sorti,
ce qui se pratique pour y é-
viter les querelles. Les Medecins sont obligez de visiter
ces miserables , & dés qu'il
y en a quelqu'une d'incom-
modée , elle doit être traitée
aux dépens de la Ville & ne
peut servir au public qu'a-
prés son entiere guerison ;
car la vieille dont j'ai déja
parlé , est ordonnée pour
avertir le Magistrat & les
Medecins , lors qu'il y en a
quelqu'une malade. On les

mene un Vendredi du Carê-
me à l'Eglise des Repenties,
pour entendre un Sermon
qu'on leur fait sur l'histoire
de la Madelaine : s'il y en a
quelqu'une qui veüille se re-
tirer de cette vie debau-
chée, on les reçoit dans le
Convent pour y faire peni-
tence, mais il y en a peu
qui veüillent abandonner
leur lubricité, si l'âge ne les
y force.

CHAPITRE XIII.

Des deux Castilles & de l'Estramadure.

ON divise ordinairement la Castille en vieille & nouvelle, à cause que celle-là fut la premiere délivrée du joug des Mores : on a joint l'Estramadure à la nouvelle Castille, quoi-qu'elle fût déja une des plus grandes Provinces d'Espagne ; ce païs qui est situé au douziéme degré de longitude & au trente-neuviéme de latitude, est borné au Levant par les Roiaumes de Valence d'Arragon, de Navarre & partie de la Biscaye : au Couchant

Castille

par la Galice & le Portugal, au Nort par les Asturies & partie de la Biscaye, & au Midi de l'Andalousie, de Grenade & de Murcie. Il faisoit autrefois un Roiaume particulier ; mais il fut réuni à l'Arragon par Ferdinand & Isabelle en 1474. le païs est montagneux & fort ingrat, si ce n'est dans les valons où l'on recueille un peu de bled, de vin & quelques fruits.

La vieille Castille a pour capitale Burgos avec titre d'Archevêché, qui porte quarante mille ducats de revenu : elle tient le premier rang dans les Etats des deux Castilles, quoi-que Tolede le lui dispute : Il y a un fort beau pont sur la Duera, qui joint la Ville avec le Fauxbourg.

Ses principales Villes sont
Salamanque, une des cele-
bres Universitez d'Espagne:
& Validolid qui a été autrefois le sejour des Rois de Castille : on y voit des machines,
qui à la faveur des pompes
élevent l'eau de la riviere &
la portent dans les jardins
du Palais que Philippe I V.
y a fait bâtir.

La nouvelle Castille a eu Toled
pour sa capitale Tolede, qui
l'étoit autrefois d'un Roiaume de même nom : mais Ma-
drit lui dispute aujourd'hui
cette qualité, à cause que les
Rois d'Espagne l'ont choisie
pour y tenir leur Cour ; cependant dans les assemblées
des Etats, Tolede y tient un
des premiers rangs & Madrit
n'y paroît que comme un
bourg.   N iij

L'Archevêque de Tolede
prend le titre de Primat d'Espagne ; il a trois cent mille
ducats de revenu annuel.
Cette Ville est celebre par
plus de vingt Conciles qu'on
y a tenu ; elle est située dans
les montagnes , coupée en
deux par la riviere du Tage,
sur laquelle on a bâti deux
beaux ponts , dont les fon-
demens sont sur le roc. On y
voit encore les restes d'u-
ne machine avec laquelle
les Mores faisoient autrefois
monter l'eau du Tage, d'où
on la distribuoit dans la Ville :
mais par la negligence des Espagnols, elle est toute ruinée.
Il y a un bon château où Philippe IV. tint long-temps le
Duc de Lorraine prisonnier ;
sa Cathedrale est une des bel-

les Eglises d'Espagne, & a des
richeſſes ineſtimables dans
ſon treſor, entr'autres une
robe de la ſainte Vierge cou-
verte de perles & bordée de
diamans, de rubis & d'éme-
raudes. A demi lieuë de Tolede on voit les mazures de
cette Tour enchantée, que
le Roi Rodrigue fit ouvrir,
& dont j'ai fait le détail dans
le chapitre ſecond de ce volume.

A quelques lieuës de la Ville, on trouve la *Deheſſa de
las cien donzellas*, c'eſt à dire
la Foreſt des cent Filles. A
l'entrée & à la ſortie de cette
foreſt, on voit gravé ſur une
grande pierre, l'explication
de ce nom; je vai en don-
ner l'hiſtoire en abregé à
ceux qui l'ignorent.

N iiij

Les Mores aiant envahi
l'Espagne, ils firent un traité
avec Moregat Roi de Leon,
qui s'engagea de leur paier
un tribut annuel de cent filles
chrêtiennes, cinquante nobles & cinquante roturieres,
ce que les successeurs de Moregat executerent jusqu'au
Roi Ramine, qui refusa de
le paier en huit cent quarante
quatre, d'autres disent que ce
fut D. Bermude en sept cent
quatre-vingt-onze. Quoi qu'il
en soit les Mores mettoient ces
filles dans un château qui é-
toit dans cette Forest jusqu'à
ce qu'ils les eussent envoiées
en Affrique, ou en eussent
autrement disposé à leur vo-
lonté : mais ce tribut fut entierement aboli depuis que
quelques cavaliers de Galice

défirent les Mores qui venoient pour le recevoir, proche de Modoguedo , dans
une campagne remplie de
figuiers ; ce qui fit donner le
nom de Figueroas aux Libe-
rateurs de ce fexe ; & c'eft là
l'origine de la maifon de Figueroas , qui eft encore une
des plus illuftres d'Efpagne.

Aprés que le Royaume fut
entierement délivré de la domination des Morifques, le
Cardinal Zirixeo , Arche-
vêque de Tolede , acheta ce
Château & la Forêt, en l'année 1573. & y fit bâtir un Convent pour cent filles moitié
nobles & moitié roturieres,
en mémoire de cet infame
tribut , qui étoient obligées
de faire preuve qu'elles def-
cendoient d'anciennes famil-

les chrêtiennes, fans mélange de Mores ni de Juifs. Ce
Convent qui a plus de trente-
cinq mille ducats de revenu,
fut enfuite transféré à Tolede
où il eft encore ; on y met
ces Filles à l'âge de fept ans :
lors qu'elles font en âge de
marier , fi elles en veulent
fortir pour fe ranger fous
l'himenée , on donne mille
écus de dotte aux roturieres,
& deux mille aux nobles.

Proche de la petite ville de
Barchon de Laye en Caftille,
on voit un Château qu'on
trouva fous terre dans une
montagne voifine en 1657.
d'une maniere affez fingulie-
re.

Un homme, qui je crois vit
encore , du moins n'y a-t-il
qu'environ fix ans qu'un de

mes amis lui a parlé ; cet
homme, dis-je, rêvoit toutes
les nuits pendant un fort long
temps, qu'il voioit au haut de
cette montagne, un château
dont le maître & la maîtreffe
lui montroient un endroit aux
environs où il y avoit quantité d'or & d'argent caché :
enfin laffé de faire toûjours
le même fonge, il obtint permiffion des Magiftrats de faire creufer dans l'endroit que
fa vifion lui indiquoit ; on ar-
racha les arbres qui s'y trouvoient, & à peine avoit-on
creufé douze ou quinze pieds,
qu'on commença à trouver
des murs. Le Magiftrat fit
continuer ce penible ouvrage, & par ce moien on dé-
couvrit ce château tel que le
fongeur l'avoit dépeint, &

tel qu'on le voit encore aujourd'hui , composé d'une
court, de deux degrez , de
plusieurs chambres , d'un
moulin à bras , d'une cave
& d'un puits, dans lequel on
trouva des os de geant & de
grosses lames d'épées : mais
je n'ai pû apprendre la raison qui les avoit empê-
chez de chercher le tresor, à
moins que ce ne fût la trop
grande dépense qu'il faloit
faire pour anatomiser cette
montagne. Ceux à qui cette
histoire paroîtra fabuleuse,
pourront aller sur les lieux,
ou s'informer de la verité de
la chose de ceux qui y ont
été : car, comme elle est ar-
rivée de nos jours, il y a encore une infinité de monde qui
ont vû l'endroit de ce Châ-

teau en terre labourable,
avec de fort gros arbres.

Segovie eſt une des Villes
conſiderables de la vieille
Caſtille, & étoit autrefois le
ſejour de ſes Rois ; elle étoit
commandée d'un vieux châ-
teau bâti ſur le roc, qui a été
plus fort qu'il n'eſt aujour-
d'hui. Il y a deux choſes aſſez
remarquables en cette Ville ;
la premiere eſt ſon aqueduc
de deux rangs d'arcades les
unes ſur les autres ; il eſt d'u-
ne prodigieuſe longueur, &
ſert à porter l'eau dans toute
la Ville : cet ouvrage que les
Eſpagnols mettent au nom-
bre des merveilles, n'eſt pas
un effet de l'induſtrie des
Mores, puis qu'il étoit en état
avant qu'ils paſſaſſent en Eſpagne : quelques-uns l'attri-

buent au Roi Hispalus, d'autres à l'Empereur Trajan, & d'autres enfin à Licinius Gouverneur d'Espagne sous Vespasien. La seconde chose remarquable de cette Ville, est son Hôtel des monnoies, où l'on se sert pour la fraper, d'une machine que l'eau fait agir. Chaque particulier a droit d'y faire fraper la monnoie qu'il veut au poids & titre de celle de Sa Majesté, pourvû qu'il fournisse l'or ou l'argent, & qu'il paie un petit droit, qui se consume à l'entretien de l'Hôtel ; ainsi le Roi n'en tire aucun profit.

CHAPITRE XIV.

*De la ville de Madrit & de
ses maisons Roiales d'Aranjuez & de l'Ecurial.*

Madrit sur la petite ri-
viere de Monzanares, Madrit
est reconnuë pour la capitale
de toute l'Espagne, depuis que
Philippe II. & ses successeurs
y ont fait leur sejour ordinai-
re : elle étoit autrefois enceinte de murailles de cail-
lous, ce qui a donné occasion aux Espagnols de dire
qu'ils avoient une ville enceinte de murailles de feu,
comme je l'ai remarqué ailleurs : mais elle n'en a point
dans les endroits où elle a été

agrandie. L'air y est fort sain
& l'eau de sa riviere si estimée, qu'autrefois D. Juan en
faisoit venir aux Païs-bas pour
sa boisson.

Ceux qui ont dit que Ma-
drit étoit aussi grand que Paris, s'en sont rapportez sur la
foi de quelque Espagnol, qui
n'avoit peut-être jamais vû
ni l'une ni l'autre de ces deux
Villes : il s'en faut de beau-
Circuit coup qu'elle ne l'égale en
grandeur ni en magnificence;
car Madrit, en y comprenant
ses maisons & ses jardins qui
lui servent de fauxbourgs, n'a
que quinze mille six cens pas
communs de circuit ; au lieu
que l'enceinte de Paris, y
compris ses fauxbourgs, en a
26850.

Quoi-que la petite riviere
de

de Manzanares soit presque
à sec en été, Philippe II. ne
laissa pas d'y faire bâtir un
pont qui couta plusieurs mil- Son
lions ; ce qui a donné sujet de pont.
dire, qu'il faudroit vendre le
pont pour acheter de l'eau
pour la riviere. Les ruës de
Madrit sont-ordinairement
mal pavées & fort sales, car
on y jette tous les immondi-
ces. Les maisons sont bâties Ses
de terre fort basses, n'y aiant mai-
à la plûpart que le plein pied sons.
& un galatas au dessus ; parce que le premier apparte-
ment de toutes celles que l'on
bâtit, appartenant de droit
au Roi, à moins que le pro-
priétaire ne l'achete de Sa
Majesté ; il y en a peu qui
veüillent faire cette dépense :
aussi lors qu'on voit un Palais

ESPA-
GNE

ou une maison qui a un peu
d'apparence , on peut juger
à coup feur , qu'elle a été bâtie par quelque perfonne de
qualité à fon retour des Vice-
Roiautez ou Gouvernemens
qu'il a eus aux Indes , aux
Païs-bas,ou dans les Etats du
Roi Catholique en Italie.

Place
Mayor

La place Mayor eft la plus
belle de la Ville : elle n'eft
pas fi grande que la place
Roiale de Paris ; elle eft environnée des plus belles maifons de la Ville , qui font élevées de fix à fept étages, fans
cimetrie , avec quantité de
balcons , d'où on voit en feu-
reté les courfes de taureaux.

Des Pa-
lais du
Roi.

Le Palais où loge le Roi
eft fort fpacieux , mais la magnificence ne répond pas à
la grandeur des Rois d'Efpa-

gne, & on peut assurer que Sa Majesté Catholique a des sujets dans Madrit, logez plus commodément qu'elle & mieux meublez : ce n'est pas que sa situation ne soit tres-avantageuse, & avec peu de dépense on le rendroit une des belles maisons de l'Europe. Il y a encore le Palais de bonne retraite, ou *Buenretiro*, qui est un lieu fort agreable, y aiant une grande allée d'ormaux qui conduit au Prado. On y voit sur une plate forme la statuë de Philippe IV. sur un cheval de bronze ; son parc est muni de toute sorte d'animaux étrangers, comme Elephans, Lions, Chameaux, Austruches, &c.

L'Eglise Cathedrale de Madrit est dediée à N. D. l'Au-

tel de la Chapelle de la Vierge & la baluſtrade ſont d'argent maſſif. On y voit une
ſtatuë de la ſainte Vierge que
ſaint Jacques y porta de la
Terre Sainte , qui la cacha
dans une tour de Madrit, &
on dit que les Mores aiant
aſſiegé la Ville, ils étoient à
la veille de la prendre par
famine , lors que s'étant fait
une ouverture à cette tour,
les habitans s'apperceurent
qu'elle étoit pleine de bled,
ce qui obligea les Mores de
lever le ſiege.

Comme j'ai déja parlé de
la Cour & du Gouvernement
d'Eſpagne, je paſſe aux mai-
ſons Roiales d'Aranjuez &
de l'Ecurial , qui peuvent
paſſer pour belles en Eſpagne , & pour mediocres en

France : l'économie Espa-
gnole ne permet pas qu'elles
soient meublées ; mais lors
que la Cour y doit aller, on
dégarnit quelques appartemens du Palais, pour les aller
meubler , & on y porte jufqu'à des bois de lit.

Aranjuez est dans la plus
belle situation de la Castille,
entre les rivieres du Tage &
de Xarama , qui se joignent
au dessous ; il n'y a rien de
remarquable dans les appartemens, si on en excepte quelques peintures passablement
bonnes : toute la beauté est
renfermée dans le Jardin &
dans le Parc , où il y a des
allées d'arbres plus longues
qu'aucunes qu'il y ait à Ver-
sailles. Elles sont ornées de
nombre de statues de bron-

ze qui font autant de jets
d'eau ; il en fort d'un mont
Parnaffe qu'on voit dans un
Etang : il y a un cupidon dans
un autre endroit, qui fait fortir autant de jets d'eau de fon
carquois qu'il y a de fleches :
ce qui furprend le plus ce
font certains jets d'eau qui
fortent du haut de plufieurs
gros arbres, où l'on a conduit l'eau par des tuiaux at-
tachez imperceptiblement,
élevez de plus de foixante-
dix pieds. Parmi les plus belles ftatuës on doit admirer
celle de D. Juan d'Autriche
qui a été faite, dit-on, d'une
pierre qu'on trouva dans un
vaiffeau Turc aprés la victoire de Lepante, qui jette de
l'eau par fes cheveux. Les
fontaines de Diane, de Ga-

mimede ,, de la Jalousie & des
Arpies ,, ont toutes leurs beau-
tez particulieres ; on voit sur
les bords de cette derniere ,,
ce brave Romain qui se tire
à loisir une épine du pied.
qu'il avoit prise en courant
porter la nouvelle au Senat
du gain d'une bataille , & qui
aima mieux en souffrir la
douleur pendant le reste du
chemin , que tarder un moment d'annoncer une si a-
greable nouvelle à ses com-
patriotes.

Le Concierge d'Aranjuez
nous donna un de ses gens,
pour nous mener voir une
des belles machines du monde, à ce qu'il nous dit ; mais
nous fumes extrêmement surpris lors que nous reconnu-
mes que ce n'étoit qu'un mou-

lin à scier des planches, que l'eau du Tage fait mouvoir ; car cet Espagnol, qui apparemment n'avoit jamais perdu de vûë le clocher de son village, ne pouvoit comprendre comment ces scies pouvoient agir, sans le bras continuel de l'homme.

Aprés la bataille de saint Quentin Philippe II. fit deux vœux, qu'il accomplit exactement, le premier de n'aller plus à la guerre, & le second de faire bâtir un Convent en la place où on en avoit brûlé un appartenant à l'Ordre de saint Jerôme, proche d'un village nommé

l'Ecurial à sept lieuës de Madrit. Comme c'est un endroit où la pierre est fort commune, on ne l'a pas épargnée ;

car

car le bâtiment eſt d'une ſi
vaſte étenduë, qu'il comprend
dix-ſept Cloîtres, vingt-deux
Courts, & onze mille fenêtres, flanqué de quatre Tours
aux quatre coins. Cependant
les Religieux occupent preſque tout ce bâtiment, & les
appartemens du Roi & de la
Reine ne répondent pas à la
grandeur de Philippe Se-
cond, qui ſe vantoit que du
pied de la montagne de l'E-
curial, il commandoit & ſe
faiſoit obéïr dans le vieux &
nouveau Monde. Ce bâti-
ment a couté ſix millions
deux cent mille ducats, outre
le Pantheon que Philippe IV.
a fait bâtir.

Sur le portail de l'Egliſe,
on y voit les figures en marbre blanc de ſix Rois d'Iſ-

raël ; sçavoir, Japhet tenant une hache à la main, Eze-chias un navire, David une harpe, Salomon un livre, Josias un papier, & Manasses un compas. On monte au Maître-Autel par plusieurs degrez de marbre rouge ; il est orné de seize colomnes de Jaspe, qui s'élevent jusqu'à la Nef. Le Tabernacle est fort grand & magnifique, soûtenu par huit colomnes de Jaspe, travaillées en pointe de diamans ; le Ciboire est orné de perles d'Orient & d'autres pierreries. A côté d. l'Evangile, on voit la Statuë de bronze dorée de Charlequint avec son Manteau Imperial, à genoux, aiant auprés de lui l'Imperatrice sa femme, Dona Maria sa fille, &

les Reines de France & de Hongrie ſes ſœurs. Du côté de l'Epître, on voit la Statuë de Philippe II. la Reine Dona Anna ſa quatriéme & derniere femme, Dona Iſabelle ſa troiſiéme femme, & la Reine Dona Maria Princeſſe de Portugal.

Philippe IV. fit augmenter cette Egliſe d'une Chapelle pour la ſepulture des Rois & Reines d'Eſpagne, qu'on appelle Pantheon, à cauſe qu'elle eſt de la figure du Pantheon de Rome : elle a trente-cinq pieds de diametre, & trente-huit de haut, toute incruſtée de marbre noir. Il faut remarquer que comme on n'y enterre que les Rois & les Reines qui ont donné des ſucceſſeurs à

ESPA-
GNE.

la Couronne, on n'y a pas
mis la derniere Reine ; elle
est dans une autre voute sous
le milieu de l'Eglise, où il y a
toute apparence que le Roi
Charles II. son Epoux, lui
tiendra un jour compagnie,
veu qu'il n'a pas encore eu
d'enfans de sa seconde femme , quoi-qu'elle soit d'une
des plus fecondes familles
d'Allemagne.

Tom-
beaux
des
Rois &
Reines.

Il y a vingt-six Tombeaux
de marbre noir dans le Pantheon, pour y loger autant
de corps : mais il n'y a encore au côté droit que ceux
de quatre Rois, qui sont Charlequint, Philippe II. Philippe III. & Philippe IV. & à
côté gauche on voit ceux de
l'Imperatrice Isabelle de Portugal, & des Reines Dona

Anna quatriéme femme de
Philippe II. Dona Margue-
rita femme de Philippe III.
Elifabeth de France premiere
femme de Philippe IV. &
fille d'Henri le Grand.

Lors qu'on porte quelque
corps de la Famille Roiale à
l'Ecurial, le Pere Prieur à la
tête de tous fes Moines, demande au conducteur de la
pompe funebre de qui eft ce
corps ; à quoi il répond, *c'eft
le corps de . . . . & voilà l'ordre que je vous apporte du Roi
ou de . . . . pour lui donner
place dans la Sepulture Roiale.*
Mais le Moine ne fe conten-
tant pas de cela, le fait jurer que c'eft le même corps
dont il eft parlé dans l'ordre qu'il vient de lire.

Ces Moines font de l'Or-

dre de Saint Hierosme, que le
Pape Gregoire XI. approu-
vat en 1374. Ils ont une tres-
belle Biblioteque à l'Ecurial,
divisée en trois salles, où
l'on compte plus de dix huit
mille volumes bien reliez &
peu lûs. Dans une de ces
salles il y a plus de trois mille
Manuscrits Arabes, qui ne
traitent que de la Religion
des Mores : mais la lecture
en est défenduë, & ils ne servent que d'ornement.

CHAPITRE XV.

Du Roiaume de Leon, de la Galice & des Asturies.

LE Roiaume de Leon a reçû son nom de sa Ville Capitale ; il a environ cinquante-cinq lieuës de long & quarante de large : il est borné à l'Orient & au Midi de la vieille Castille, du Portugal & de la Galice à l'Occident, & des Asturies au Septentrion. On y trouve de fort belles Turquoises proche de Zamora. Sa Ville Capitale n'a rien de fort remarquable que son Evêché suffragant de Compostelle.

La Province de Galice a-
voit autrefois titre de Roiaume ; elle est bornée de l'O-
cean, à l'Occident & au Septentrion, du Portugal au Midi, de Leon & des Asturies
à l'Orient : elle peut avoir
cinquante lieuës de long &
quarante de large. On y trouve quantité de sources d'eau
chaude, qui font que l'air
n'y est pas sain. On y trouve
des mines d'or, de cuivre, de
plomb, de fer & de vermillon, & la mer est fort pois-
sonneuse sur ses côtes.

Sa Ville Capitale est Compostelle, avec un Archevêché de quarante mille ducats
de revenu : elle est fameuse
à cause des pelerinages qui
s'y font à Saint Jacques. On
dit que ce Saint Apôtre aiant

été envoié en Espagne pour y prêcher l'Evangile, fut martirisé à Compostelle ; qu'en 835. on trouva son corps dans cette Ville ; qu'en 844. il apparut au Roi Ramire, pour l'asseurer de la victoire contre les Mores, s'il refusoit de leur paier le tribut de cent filles Chrêtiennes, dont j'ai parlé dans le chapitre XIII. & que de ce tems-là l'Espagne a pris ce Saint pour son patron.

Quoi-qu'il en soit, Alfonse fit bâtir une superbe Eglise à Compostelle, & obtint une bulle de Leon III. pour y transferer le Siege d'Isia. On voit une main empreinte dans la pierre d'un des piliers de cette Eglise, qu'on dit être celle de

Nôtre Seigneur, qui prit cet édifice par ce pilier, pour changer l'assiette de l'Autel, qui étoit à l'Occident, & le mettre à l'Orient. Outre les Reliques de l'Apôtre, on fait voir au-dessus de l'Eglise une Croix de fer, sous laquelle les Pelerins passent le ventre à terre, & ensuite on leur coupe un morceau de leur habit, qu'on met au-dessus de la Croix. Il y a une Chapelle Françoise, & les Pelerins de toute sorte de Nations sont reçûs dans l'Hôpital General.

A l'égard des Asturies, cette Province n'est considerable qu'à cause qu'elle a été le refuge de Pelage & des autres Chrêtiens qui ne voulurent pas se soûmettre à

la domination des Mores, & ESPA-
parce qu'elle a l'honneur de GNE.
voir porter son nom aux
premiers Infants d'Espagne,
presomptifs heritiers de la
Couronne. Cette Province
peut avoir quarante - huit
lieuës de longueur , & dix-
huit dans sa plus grande largeur. Elle a la Biscaie à l'O-
rient, l'ancienne Castille &
Leon au Midi, à l'Occident
la Galice, & l'Ocean au Septentrion. Oviedo en est la Oviedo
Capitale : elle est ornée d'un
Siege Episcopal, & avoit autrefois titre de Roiaume.

CHAPITRE XVI.

De la Biscaie & de la Navarre.

Biscaie. ON connoissoit autrefois la Biscaie sous le nom de Cantabrie, & alors elle étoit bien plus étenduë qu'elle ne l'est aujourd'hui : elle est bornée à l'Orient par la riviere de Bidassoa, qui la separe de la France, au Septentrion par la mer de Biscaie, au Midi par la Navarre & l'ancienne Castille, & à l'Occident par les Asturies. On y trouve quantité de mines de fer & d'acier, dont les habitans font un grand trafic ; car on asseure qu'on

fabrique tous les ans dans
cette Province plus de trois
cent mille quintaux de ces
metaux qu'on tranſporte dans
les Païs Etrangers.

Sa Ville Capitale eſt Bil- Bilbao
bao, un des meilleurs Ports
d'Eſpagne, où les Etrangers
font un grand commerce,
auſſi-bien qu'à Saint Sebaſ-
tien, qui eſt un autre Port S. Se-baſtien
dans la même Province : mais
comme les gros vaiſſeaux ne
peuvent pas entrer dans celui-ci, ils reſtent dans la plage
qui en eſt éloignée d'environ demi lieuë. Il eſt à remarquer que les Etrangers qui
negocient à Saint Sebaſtien
n'y peuvent pas tenir de maiſon en leur particulier : mais
ſont obligez de loger chez
les bourgeois, depuis que les

Flamans aiant commencé d'y trafiquer, donnerent par liberalité ou gratification, un pour cent à leurs hôtes de toutes les marchandises qu'ils vendoient, & les Espagnols se sont fait un droit de cette honnêteté.

La riviere de Bidassoa est fameuse en ce qu'elle fait la separation de l'Espagne & de la France vers Fontarabie, qui la borde d'un côté & appartient aux Espagnols, & Andaye sur l'autre bord est aux François. On la passe dans une barque ; les François prennent les droits de ceux qui vont en Espagne, & les Espagnols le tirent de ceux qui passent en France. Cette riviere forme la petite Isle des Faisans, où la paix

fut concluë entre les deux
Couronnes en 1659.

Il y a un petit village prés
de Fontarabie nommé Ren-
teri, qui n'eſt habité que par
des filles, où elles ne ſouffrent
ni hommes ni femmes. Elles
ont la conduite des bâteaux
qui montent & deſcendent
la riviere, dont elles s'acquit-
tent parfaitement bien : auſſi
nagent-elles mieux que des
hommes.

Ceux qui entrent en Eſpa-
gne par la Biſcaie, ne manquent jamais d'aller voir le
Château de Nios, qui eſt inha-
bité depuis (à ce que diſent
les bonnes gens du païs) que
Mira fille d'un Roi y mourut
de douleur ; & voici en ſubſ-
tance l'Hiſtoire qu'ils en font.
Cette Mira étoit ſi belle &

Châ-
teau de
Nios.

fi cruelle, que l'on ne pouvoit la regarder fans en devenir amoureux & fans mourir en même-tems à caufe de
fa fierté. Elle avoit déja dépeuplé tout le Roiaume de
fon pere, lors que les Dieux
s'en fentant offenfez, réve-
lerent à ce Prince, que les
malheurs qui ravageoient fes
Etats ne finiroient point que
Mira n'eût expié les maux
que fes yeux avoient caufez:
qu'elle devoit être errante,
& que le Deftin la conduiroit.
Que cette Princeffe aiant
parcouru une partie de la
Terre, vint enfin prés de ce
Château qui appartenoit au
Comte de Nios, qui étoit un
jeune homme bien fait, mais
fort farouche à l'égard du
fexe, qu'il haïffoit extraordi-
nairement;

nairement ; Mira qui le ren‑
contra dans les bois où il
chaſſoit, en devint éperduë‑
ment amoureuſe ; elle le guet‑
ta un jour , & l'aiant ſaiſi par
les cheveux , le contraignit
de la mener dans ſon Châ‑
teau : mais il l'y laiſſa , &
elle y mourut peu de tems
après de chagrin ; & depuis
ce tems‑là , dit‑on, on y en‑
tend les plaintes de l'ame de
cette fille , qui ſouffre pour
tous les maux que ſes yeux
& ſa fierté avoient cauſez.

On voit à Boraſano prés
de Saint Sebaſtien, des mou‑
lins où l'on fond les maſſes
de fer qu'on tire des mines
voiſines, pour le mettre en
barres : on ſe ſert pour cela
de certaines machines à l'eau,
qui font mouvoir les ſouflets.

& allumer le feu, & de gros
marteaux qui frapent sur l'anclume.

Passage
S. A-
drien.

A onze lieuës de Saint Sebastien, sur le Mont Saint A-
drien, on trouve un passage
des Pirenées qu'on a percé
pour éviter de monter un rocher inaccessible : cette voute
a cinquante pas de long, huit
de large & environ dix de
haut. Quoi-que ce passage
soit fermé par la porte d'une
Hôtellerie que les Espagnols
y ont bâtie, il ne laisse pas
d'être dangereux, parce que
c'est ordinairement la retraite des voleurs.

Na-
varre.

Quoi-que le Roiaume de
Navarre ait été porté à la
Couronne de France, par
Henri le Grand, les Espa-
gnols ne laissent pas de joüir

de la partie qu'on appelle
Haute Navarre , par droit
de bien-feance, parce qu'elle étend les limites de leur
Etat jufqu'aux Pirenées. Ferdinand V. Roi d'Arragon l'u-
furpa injuftement fur Jean Al-
bret grand pere maternel de
Henri IV. On dit que l'Empereur Charlequint étant à
l'article de la mort, dans le
Convent des Hieronimites de
Saint Jufte en Eftramadure,
où il s'étoit retiré en 1556.
pour y finir fes jours, recom-
manda à Philippe II. fon fils
de reftituer la Navarre au
Roi de France, veu qu'il ne
la poffedoit pas à jufte titre,
& que ce Philippe ne l'aiant
pas fait, en chargea Philippe
III. fon fils, qui ne s'en ac-
quitta pas mieux que lui : auffi

n'est-ce pas de cette façon que les Princes restituent les biens usurpez.

La Navarre en general est montagneuse, & si sterile, que le Roi d'Espagne n'en tire pas assez de revenu pour entretenir les troupes qu'il y tient, Pampelune sa Ville Capitale sur la petite riviere d'Arga, est la plus forte de la frontiere Espagnole; elle est éloignée d'une lieuë du pied des Pirenées ; sa Citadelle qui consiste en cinq bastions avec un bon fossé plein d'eau, est environnée d'un grand marais. Philippe II. la fit bâtir pour arrêter les courses des François, qui alloient souvent ravager jusques sur les frontieres de Castille. Il y a dans cette Citadelle un moulin à

bras, où l'on peut emploier
des chevaux pour faire agir
cinq meules en même-tems,
qui dans un befoin pourroient
moudre quatre-vingt charges
de bled par jour. Pampelune
eft une Ville tres-ancienne,
& quelques Auteurs veulent
qu'elle ait été bâtie par Pom-
pée, lors qu'il alla combattre
Sertorius, qui lui donna le
nom de Pompejopolis.

Il y a dans la Navarre une
petite Ville nommée Saint
Dominique de la Chauffée,
que les Pelerins de Saint Jacques ne manquent pas de
voir, au fujet d'un miracle
que tout le monde en Efpagne doit croire ou en faire
le femblant ; voici ce que
c'eft. La fille d'une hôtellerie
étant devenuë amoureufe

d'un Pelerin de bonne mine
qui logea chez eux, & ne
pouvant s'en faire aimer, elle s'en vangea en mettant
quelque argenterie de la maifon dans son sac, l'accusant
de l'avoir dérobée, cela suffit
pour le faire pendre, & son
corps fut exposé sur le grand
chemin.

Le pere du Pelerin passant
par là quelques années aprés,
reconnut son fils au gibet,
dont il n'avoit eu aucune
nouvelle, qui, tout pendu
qu'il étoit, lui dit qu'on l'a-
voit condamné injustement,
& le pria d'aller dire au *Co-
rigidor* ou Juge du lieu de le
faire ôter de là. Ce pere (a-
joûte l'histoire) aiant trouvé
le Juge à table qui ne vouloit
pas croire le recit qu'il lui

faisoit que ce pendu fût son fils, & encore moins qu'il eût parlé, dit qu'il étoit aussi peu possible que cela fût, comme au coq & à la poule qui étoient rôtis sur sa table, de ressusciter ; & qu'à peine eut-il achevé de parler, que ces deux animaux se trouvant revêtus de plumes blanches, battirent des aîles & sauterent à terre.

Ce qu'il y a de certain à tout ceci, c'est qu'on voit une potence attachée à la voute de l'Eglise du lieu, & au côté gauche de l'Autel, une niche dans une Chapelle fermée d'une grille de fer, où l'on voit un coq & une poule blanche en vie, qui y chantent & font des œufs ; & on veut que ce soit les mêmes

animaux qui ressusciterent,
qui sont devenus immor-
tels, comme Henoch & Elie.
C'est des plumes qui tombent
de ces animaux dont on voit
souvent les chapeaux des Pelerins ornez.

Il y a une chaîne de mon-
tagnes dans les Pirenées qu'on
nomme Capsi, aux confins des
deux Roiaumes, assez prés de
Villa Franca, au sommet de
Carigout : sur la plus haute de
ces montagnes, on trouve un
étang fort poissonneux ; &
ce qu'il y a de plus remarquable, c'est que lors qu'on
y jette une pierre, il en sort
une petite fumée, qui forme
ensuite un gros nuage & ex-
cite une tempête suivie de
pluie, grêle & de coups de
tonnerre épouvantables, qui
durent

durent l'espace d'un bon quart d'heure.

CHAPITRE XVII.

Des Roiaumes d'Arragon, de Catalogne & de Valence.

L'Arragon tire son nom de la riviere d'Arragon qui a sa source dans les Pirenées ; cette Province est située entre les Pirenées, la Navarre, la Castille & la Catalogne. L'air y est fort sain, le terroir sec & sterile, si ce n'est dans les Valons qui produisent du bled & du vin, & on trouve quelques mines d'or & de fer dans ses montagnes, dont on ne tire pas grand avantage.

Cette Province fut une des premieres qui s'affranchit de la domination des Mores, & trouvant la race de ses anciens Rois éteinte, elle se choisit un Prince ou Chef ; les suffrages tomberent sur Garcia Ximenes Gentilhomme de la Province : mais on limita fort son pouvoir par des Loix qu'il jura, tant en son nom que de ses successeurs en cette dignité, sans l'observation desquelles ils n'auroient point d'autorité sur eux, les peuples seroient dispensez de leur obéïr, & en droit de se choisir un Roi, même parmi les Paiens & Infideles ; que pour veiller à la conservation des Loix, on établiroit un Chef de Justice ou Magistrat Souverain, qui ne pourroit être

condamné ni en ſa perſonne,
ni en ſes biens, que par *las*
Cortes ou Etats du Roiaume,
compoſez du Roi & du peu-
ple, afin de mieux brider leur
Prince ; que ſi le Roi faiſoit
quelque tort à un ſujet, les
Nobles prendroient ſon fait
& cauſe, & empêcheroient
qu'on ne paiât aucuns droits
au Roi, qu'auparavant il n'eut
dédommagé & ſatisfait le
vexé.

Le Roi à genoux & tête nuë,
devoit jurer devant le Chef
de Juſtice qui étoit aſſis &
couvert, l'obſervation de ces
Loix & Privileges, aprés quoi
le peuple, par la bouche du
Chef de Juſtice, le recon-
noiſſoit pour Roi, en lui diſant:
Nos que valemos tanto como
vos ; os hazemos nueſtro Rei,

*y Señore, contal que guardeis
nuestros fueros y libertades, sino,
no.* C'est-à-dire : Nous qui
valons autant que vous, vous
faisons nôtre Roi & Seigneur,
à condition que vous garde-
rez nos privileges & franchi-
ses, & non autrement.

Cette maniere de prêter
foi & hommage fut abolie
dans une assemblée des E-
tats, en presence du Roi Don
Pedro, surnommé *el punnal*,
qui donna en échange quelques autres privileges aux
Arragonois ; & l'histoire de
ce Prince nous apprend que
lors que tout fut fait, & lors
qu'on lui eut remis le parche-
min sur lequel cette Loi étoit
écrite, il tira son épée, &
coupa la main avec laquelle
il tenoit cet Acte : disant, que

l'abolition d'une Loi ne pouvoit s'effacer que par le sang
d'un Roi : mais le pouvoir du
Chef de Justice sur les Juges
& sur toute sorte d'Officiers
qui oppriment le peuple, sub-
siste encore.

Sarragosse est la Capitale de
l'Arragon, & a été le séjour
de ses Rois, qui logeoient
dans un Palais hors la Ville,
qui sert aujourd'hui au Conseil de l'Inquisition. Cette
Ville est traversée de la riviere d'Ebre. Il y a une lampe
dans un Convent de la Ville,
dont la fumée a la proprieté
de ne point noircir, ni donner aucune mauvaise odeur.

On m'a asseuré qu'à un lieu
nommé Villila dans l'Arragon sur la riviere d'Ebre, il
y a une cloche de dix brasses

de rondeur, qui sonne quel-
quefois toute seule, sans l'af-
sistance des vents, ni d'aucune
machine. Quoi-que je ne
l'aie pas vû, je suis obligé d'en
croire les gens de probité
de qui je l'ai appris, laissant
la liberté au Lecteur de le
revoquer en doute jusqu'à ce
qu'il en soit plus pleinement
informé. Ce mouvement est
pris pour un présage extraordinaire. On pretend qu'elle
sonna lors qu'Alfonce V. alla
en Italie ; comme aussi à la
mort de Charle-quint, au dé-
part de Don Sebastien Roi
de Portugal pour l'Afrique,
à la mort de Philippe II. &
la derniere fois qu'elle sonna
fut depuis le Jeudi 13. Juin
1601. jusqu'au Samedi suivant,
sans discontinuer nuit & jour

La Catalogne est une autre
Province d'Espagne qui a eu
autrefois ses Princes particu-
liers : elle est separée de la
France par les Pirenées au
Septentrion ; elle est bornée
à l'Orient & au Midi par la
Mer Mediterranée, & à l'Occident par les Roiaumes d'Arragon & de Valence. Si le
terroir n'abonde pas en bled
& en vin, ses entrailles produisent des Ametistes, des
Agathes, du Cristal, de l'A-
zur, de l'Albâtre, du Corail,
de l'Or, de l'Argent, du Fer,
de l'Alum, du Vitriol & du
Sel, dont il y a plusieurs mines, principalement prés de
Gironne, dont j'ai parlé dans
le chapitre III. où plus on en
prend, & plus il en croît.
Aprés Dieu, la Catalogne

eſt redevable de l'expulſion
dés Mores à la valeur des
François, qui leur donnerent
de puiſſans ſecours, & Loüis
le Debonnaire enleva des
mains des Infideles la Ville
de Barcelonne Capitale de
la Province : mais en 1137. ou
38. elle fut incorporée à l'Arragon. En 1640. les Cattalans
laſſez de la domination Eſpagnole , ſe donnerent au Roi
de France , à la perſuaſion
de Joſeph Marguarit, Gentilhomme du païs. Sa Majeſté
Tres-Chrêtienne y tint des
Vicerois ou Gouverneurs juſqu'en 1659. que par les arti-
cles 42. & 43. de la paix, il
fut declaré que les Monts
Pirenées feroient la diviſion
dés deux Roiaumes.

Barcelonne en eſt la Capi-

tale, ainsi que je l'ai déja remarqué ; elle est si ancienne, que quelques Auteurs disent qu'elle fut bâtie trois
cents ans avant la Naissance
de Nôtre-Seigneur, par un
Capitaine Cartaginois nommé Amilcar-Barca. Elle soû-
tint un siege de quinze mois
contre les Espagnols , qui
s'en rendirent maîtres en 1652.
parce que les guerres civiles
en France , empêcherent les
François d'y envoier les secours necessaires. Il y a d'assez belles Eglises , & les ruës
y font plus propres que dans
les autres Villes d'Espagne.
Son port fur la Mediterranée
fait sa principale richesse. La
Noblesse y a de grands privileges ; on n'y peut point
emprisonner un Gentilhom-

me pour quelque cause que ce soit. L'Evêque de Barcelonne qui est suffragant de Teragonne, venant à mourir, ses parens sont frustrez de son heritage ; le Pape succede à tous ses biens, & Sa Sainteté tient ordinairement des Officiers à Barcelonne, pour y recueillir l'heritage, & déterrer de bonne heure en quoi consistent les biens de l'Evêque, pour s'en emparer dés le moment qu'il aura rendu l'ame.

Valence est une Province que les Mores érigerent en Roiaume, & qui tire son nom de sa Ville Capitale, où le Roi d'Espagne tient encore un Viceroi : elle a environ soixante-six lieuës de long, & vingt-cinq de large. Ses

bornes sont l'Arragon au Sep-
tentrion, la Catalogne à l'O-
rient, la Murcie au Midi, &
la Nouvelle Castille à l'Occident. L'air y est si temperé, qu'on y joüit d'un
printems continuel ; ce qui
fait que son terroir est des
plus fertiles d'Espagne.

La Ville de Valence est ho-
norée d'un Archevêché, d'u-
ne Université, & du séjour
du Viceroi. On n'y entre-
tient point de garnison, les
bourgeois aiant soin de monter la garde. Parmi le Tresor
de l'Eglise Catedrale, on
montre un Calice d'agate,
qu'on dit être le même dont
Nôtre-Seigneur se servit lors
qu'il fit la Cene avec ses Disciples : une chemise d'enfant
sans couture, faite, dit-on,

des mains de la Sainte Vierge, de laquelle on y garde
du lait, des cheveux & son
peigne. On y voit aussi une
grosse dent de quatre doigts
de long & de trois de large,
qu'on dit être de Saint Chri-
sostome ; un des Saints In-
nocens, & deux deniers de
Judas qui sont d'argent, aiant
d'un côté la face d'un homme, & de l'autre une tulipe.

Il y a plusieurs beaux Edi-
fices tant Saints que profa-
nes, & on pourroit bien mettre au nombre de ces der-
niers ce que les Espagnols y
appellent *la Casa santa*, qui
est une maison publique où
il y a plusieurs petites chambres, occupées chacune par
une femme de mauvaise vie
qui y attend pratique. La

porte eſt ouverte à toute ſorte de gens, pourveu qu'ils laiſ-ſent aux gardes qui ſont en-bas leurs épées & juſqu'à leur couteau de poche, qu'on leur rend lors qu'ils s'en retour-nent. Tous les Samedis il y a une vieille matrone aux gages de la Ville, qui va faire la viſi-te de ces miſerables, pour en faire ſortir celles qui ont be-ſoin de medecin.

Alicante eſt un Port de Mer défendu par un Château que Philippe II. y fit bâtir, dont la ſeureté y attire des vaiſſeaux de toutes les Na-tions, qui y viennent enlever les danrées de la Province, & y apportent les marchan-diſes dont elle a beſoin.

CHAPITRE XII.

Des Roiaumes de Murcie, de Grenade & de l'Andalousie.

Murcie MUrcie est une petite Province d'Espagne avec titre de Roiaume, qui prend son nom de sa Ville Capitale; elle n'a qu'environ vingt-cinq lieuës de long, & ving-trois de large : elle est bornée du Roiaume de Valence au Levant, de celui de Grenade au Couchant, de la Castille Neuve au Septentrion, & de la Mer Mediterranée au Midi. L'air y est sain, & quoi-que le terroir soit fort montagneux, il ne laisse pas de produire abon-

dance de fruits ; comme Ci- ESPA-
GNE.
trons, Oranges, Olives, Meu-
riers pour la nourriture des
vers à soie, dont on y fait
grand trafic : mais il n'est pas
fertile en vins ni en bleds. On
y trouve des roches d'Alun,
d'Amétistes & de Cassidoine.
Tout ce qu'il y a de remarquable dans la Ville de Murcie, c'est le degré du Clocher
de sa Capitale, qui est consé
truit d'une maniere à pouvoir
y faire monter un carrosse
attelé de chevaux ou de mules. Cartagene est une autre Carta-
bonne Ville de Murcie, qui gene.
n'a rien de recommandable
que son Port de Mer, qui est
un des meilleurs d'Espagne.

Le Roiaume de Grenade Gre-
prend encore son nom de sa nade.
Ville Capitale : il a quatre-

vingt lieuës de long, & trente dans sa plus grande largeur. Il a la Murcie au Levant, la Nouvelle Castille au
Septentrion „ l'Andalousie à
l'Occident, & la Mer Me-
diterranée au Midi. L'air y
est fort temperé, & le terroir
si fertile, que les Mores a-
voient accoûtumé de dire,
que le Paradis étoit dans
cette partie du Ciel qui ré-
pondoit sur Grenade.

Ce Roiaume est d'une dif-
ficile entrée, principalement
du côté de la Manche, païs
du valeureux Don Quixote ;
car il n'y a qu'un seul passage
qu'on a taillé dans une haute
montagne : de sorte qu'on
marche pendant cinq gran-
des lieuës dans cette ouverture qui n'a que trois toises

de

de largeur , & dont le fom-
met des montagnes qui le
bordent de chaque côté, eſt
plus haut que les plus hautes
Tours de France , & l'on eſt
toûjours dans l'apprehenſion
qu'il ne s'éboule quelque
rocher ſur la tête des paſſans.
Du tems des Mores ce paſ-
ſage étoit fermé d'une groſſe
chaîne, dont on montre encore les morceaux dans deux
Egliſes voiſines. On voit auſſi
dans ces montagnes pluſieurs
grotes & cavernes, où l'on
a trouvé beaucoup d'or &
d'argent que les Mores y a-
voient caché lors qu'ils furent contraints de paſſer en
Afrique, aiant toûjours eſ-
perance d'y revenir.

La Ville de Grenade eſt
une des plus grandes & des

ESPA-
GNE.

LaVille
de Gre-
nade.

mieux bâties d'Espagne ; elle est enceinte de bonnes murailles avec cent trente Tours, aiant dix-huit portes & cinq grandes places, & on ne sçauroit faire le tour de la Ville en moins de quatre heures de tems. Elle étoit beaucoup plus peuplée lors que les Mores en étoient les maîtres, d'où on a eu de la peine à les chasser ; & on remarque que le Roi de Castille y aiant mis le siege, il eut la lâcheté de le lever, moïennant un present de douze mulets chargez de figues, garnie chacune d'un double ducat.

Il y a de magnifiques Palais à Grenade où l'on voit des ouvrages Morisques inimitables. On y admire dans le Palais de Charles-quint, autrement dit le Château d'Alcaçar bâti par les Mores, un fallon qu'on appelle des fecrets, à caufe que deux perfonnes fe peuvent entendre d'un bout à l'autre en parlant fi bas qu'il veulent, pourveu qu'aprochant la bouche de la muraille, ils y prononcent leurs filabes diftinctement, & ceux qui font au milieu de la chambre n'en entendent rien. Il y a une femblable falle à l'Obfervatoire de Paris, & une dans la maifon de Caprarola prés de Viterbe en Italie, apparnant au Duc de Parme, où quatre perfonnes peuvent s'entendre des quatre coins, fans que ceux du milieu s'en apperçoivent. Il y en a enco-

re de semblables dans plusieurs endroits de l'Europe,
& je ne sçai si ces dernieres
guerres n'ont pas détruit le
sallon de la grosse tour de
Heidelberg , qui faisoit le
même effet.

On voit à Grenade un autre
Château bâti par les Infideles qu'on nomme Generalife,
où il y a des pieces d'Architecture & de Sculpture, qui
font assez connoître que les
Mores avoient d'habiles maîtres dans ces Arts. L'Arsenal
de Grenade est un des mieux
fournis d'Espagne, on y montre quelques armes dont les
Mores se servoient , comme
des Arches & des Fusils en-
richis de pierreries ; il a aussi
de belles statuës de toute sorte de metaux, dont celle de

Neptune eſt la plus eſtimée.
Proche une des portes de la
Ville, qu'on nomme la Porte
d'Elviro, on voit une Colonne de marbre noir, avec la
baſe & le chapiteau de marbre blanc, au haut de laquelle on a mis la figure de la
ſainte Vierge, qu'ils appellent Nôtre-Dame de Triom-
phe ; cette Colonne eſt enceinte d'une grille de fer, &
ornée de vingt lanternes
qu'on allume toutes les nuits.

A huit lieuës de Grenade,
dans les montagnes ſont les
Bains chauds ſi renommez
dans trois voutes pratiquées
dans le roc, qui ſont pleines
d'eau boüillante, avec laquelle les Eſpagnols ſe gue-
riſſent de pluſieurs maladies.

Malaga ou Malaca eſt un

 Port de Mer où les vaisseaux
étrangers viennent charger
les marchandises & les danrées de Grenade ; son Mole
a cinq cens soixante & dix
pas de long & vingt de large,
étant défendu par un château
qui se trouve commandé par
un second.

 On croit que l'Andalousie
a tiré son nom des Vandalles
qui l'habiterent autrefois. Par
sa situation elle a le Roiaume
de Grenade à l'Orient ; au
Midi le Détroit de Gibraltar
& l'Ocean ; le Portugal à
l'Occident , & la nouvelle
Castille au Septentrion ; son
étenduë est d'environ qua-
rante-huit lieuës en longueur
& cinquante-deux en sa plus
grande largeur. Son terroir
est à juste titre reconnu pour

le plus fertile de toute l'Espagne, aussi produit-il abon-
damment tout ce qu'on trouve dans les autres Provinces,
& ses Pâturages servent à la
nourriture des Genets ou
Chevaux d'Espagne si esti-
mez dans toute l'Europe. Il y
a pourtant des endroits montagneux qui sont fort steriles
à cause de la secheresse ; cependant on ne laisse pas d'y
trouver des Mines d'argent,
d'airain, de plomb, de vif
argent, de vermillon, &c.

Ceux qui disent que les Espagnols sont jaloux par ex-
cés, disent que le centre de
leur jalousie est en Andalousie ; & en effet les femmes en
general y sont si soumises à
leurs maris, qu'elles les servent à table, bien qu'ils aient

des domestiques suffisamment pour le faire. Ce mauvais traitement oblige souvent ces femmes de s'en vanger aux dépens de leur honneur lors qu'elles en trouvent l'occásion. La plûpart des domestiques y sont esclaves, quoique Chrêtiens, ce qui est directement opposé aux loix du Christianisme.

Seville. Seville est la capitale de cette Province, & pour en donner une idée avantageuse, il ne faut que sçavoir le proverbe Espagnol qui dit que,

Qui en no ha visto Sevilla,
No ha visto maravilla.

Elle est bâtie dans une plaine sur les bords du Guadalquivir, & quoi-que Cadix fasse

faſſe preſque tout le com‑
merce des Indes & des païs
étrangers, Seville ne laiſſe
pas d'être encore fort conſi‑
derable, ſoit parce qu'on y
décharge tout l'or & l'argent
qu'on tire des Indes pour
l'Eſpagne, où eſt le bureau
general qu'on appelle *la Ca‑
ſa de la Contratatione de las
Indias*, pour en fraper des
eſpeces; qu'à cauſe de ſon Ar‑
chevêché & Univerſité.

Son Egliſe Cathedrale a
cent cinquante pas de long,
& cent de large, où l'on voit
le Tombeau de Ferdinand
III. qui chaſſa les Mores de
Seville le 22. Decembre 1248.
aprés un ſiege de ſeize mois,
les Infideles en aiant été les
maîtres pendant cinq cents
trente‑quatre ans. Il n'y a

qu'à Seville & à Segovie en
Espagne où l'on frape de la
monnoie d'or.

Cordouë est une autre Ville
considerable de l'Andalousie, que Ferdinand III. Roi
de Leon & de Castille dont
je viens de parler, prit sur
les Mores en 1236. Ces Infideles y bâtirent une Mos-
quée, qui aprés la Meque,
étoit la plus belle qu'ils eussent. Pour juger de sa beauté
& de sa grandeur, je di ni
seulement qu'elle a vingt-
quatre portes ; que sa longueur est de six cents pieds
sur cinquante de large, &
qu'elle est soûtenuë par huit
cent cinquante colomnes de
Jaspe ou de Marbre noir,
d'un pied & demi de diametre : elle sert aujourd'hui d'E-

glise Cathedrale. Nous sommes redevables à Cordouë
de plusieurs beaux esprits qui
y ont pris naissance, entr'autres des deux Seneques &
du Poëte Lucain. C'est à
Cordouë où l'on tient les
jeunes chevaux du Roi d'Espagne.

L'Isle de Gadez ou Cadix,
est celebre parce que les Phe-
niciens, par ordre de l'Ora-
cle, y bâtirent un Temple à
Hercule, où l'on dit que
Jules Cesar versa des lar-
mes, se souvenant de ce
qu'Alexandre le Grand avoit
fait à l'âge de trente-trois
ans. On y éleva une colom-
ne que quelques-uns disent
avoir été faite d'or & d'argent fondus ensemble, &
d'autres seulement d'airain, de

ESPA-
GNE.

Isle de
Cadix.

T ij

la hauteur de huit coudées.

Dans ce même Temple il y avoit un Autel dédié à la pauvreté, un autre aux arts, un à la vieilleſſe & un à la mort : tout cela avoit ſes miſteres & ſes ſignifications ; on vouloit inſinuer que la pauvreté étoit la mere des arts, que la vieilleſſe devoit être reſpectée, & qu'on ne devoit point craindre la mort. Jules Ceſar fit enlever des richeſſes immenſes de ce Temple pour le paiement de ſon armée.

Temple
d'Her-
cule.

Le Golfe de Cadix a environ douze lieuës de circuit & deux de large, étant défendu de pluſieurs fortereſſes, dont celles de Puntal & de Matagorda, conſtruits ſur les rivages de l'endroit le plus

étroit du Golfe, font les plus
confiderables, les coups de
canon fe croifant à fleur
d'eau. Le Port Sainte Marie
& celui de Cadix font les
meilleurs & les plus frequen-
tez de ce Golfe, c'eft dans
ce dernier où s'affemblent
les galions pour les Indes,
Charle-quint jugea cetteVille
fi confiderable, que ce fut
une des trois dont il recom-
manda la garde & la con-
fervation à Philippe II. fon
fils ; les autres étoient la
Goulette que cet Empereur
avoit fait bâtir au bout du
Port de Tunis en Afrique,
en 1535. & Fleffingue en Ze-
lande : mais les Turcs ont
pris & détruit la Goulette,
les Hollandois fe font empa-
rez & gardent encore Fleffin-

*ESPA-
GNE.*

Cadix

ESPA.
GNE.

gue, & les Anglois prirent, pillerent & brûlerent Cadix en 1596. mais les Espagnols l'ont rebâtie, & elle est plus superbe qu'elle n'étoit auparavant.

Détroit

Le Détroit de Gibraltar est fameux par la jonction de la Mediterranée avec l'O-cean ; quelques Auteurs veulent qu'Hercule fils de Jupiter ait fait couper treize lieuës de montagnes, qui joignoient l'Europe à l'Afrique, pour faire cette jonction des deux Mers, comme on a voulu couper du depuis l'Isthme de Corinthe. En ce cas là cette action meritoit bien de trouver place parmi les douze travaux d'Hercule, & d'en faire le treiziéme ; car il n'étoit pas moins considerable que

d'avoir, 1. vaincu & écorché le Lion de la Forêt de
Nemée, 2. assommé l'Hidre
à sept têtes du Marais de
Lerne, 3. terrassé le Sanglier
d'Erimanthe, 4. arrêté la
Biche aux cornes d'or & pieds
d'airain, après l'avoir couruë
un an dans la Forêt de Parthenie, 5. défait les Harpies
filles engendrées de Neptune
& de la Terre, 6. vaincu les
Amazones, 7. nettoié les écuries d'Augias Roi d'Elide,
8. surmonté le Taureau de
Crete, qui vomissoit des flâmes, 9. tué Diomede & ses
chevaux qu'il nourrissoit de
chair humaine, 10. vaincu &
enlevé les troupeaux de Gerion, 11. enlevé les Pomes
d'or que le dragon gardoit
dans le Jardin des Hesperides,

12. & tiré des Enfers le Cer-
bere à trois têtes. Tous ces
grands travaux ne pûrent
pourtant pas l'empêcher d'ê-
tre empoisonné, par le moien
d'une chemise que lui donna Dejanire sa femme.

Mais pour revenir à mon
sujet, je dirai que ce Détroit qu'on appelloit autrefois
d'Hercule fut nommé *Jubalfath*, par Tariff General des
Mores, lors qu'il fit sa premiere descente en Espagne,
& par corruption on l'a nommé du nom de la Ville de
 Gibraltar, qui est située dans
ce Détroit le long d'un rocher escarpé, qui s'avance
une lieuë dans la Mer, qu'on
appelloit autrefois une des
Colomnes, ou le *Nec plus ultra*
d'Hercule. Il tient à l'Espa-

gne par une petite langue de
terre, formant pendant un
quart de lieuë un foſſé, qu'il
ſeroit facile de continuer
pour en former une Iſle, parce que cet endroit n'eſt qu'u-
ne plaine quaſi auſſi baſſe que
la Mer. On a bâti une Chapelle au haut de ce rocher,
dediée à la Sainte Vierge,
qu'on nomme *Nueſtra Sen-*
nora d'Europa, & vis-à-vis
ſur le ſommet de la montagne
en Afrique, il y en a une autre qu'on nomme *Nueſtra*
Sennora dé Africa.

A moitié de la montagne
de Gibraltar, il y a une cave
qu'on nomme de Saint Mi-
chel, qui la traverſe & va
ſortir ſur les bords de la Mediterranée. On y voit une
autre ouverture dans le roc,

qui, dit-on, conduit en Afrique sous les abîmes de la mer :
si cela est, les Espagnols devoient bien s'en servir pour
jetter des secours à Tanger
lors qu'ils en étoient les maîtres, & les faire passer delà dans
leurs autres places d'Afrique.

Algezire est une Ville pas
loin de Gibraltar, qui étoit autrefois connuë sous le nom de
Tarteia ; comme c'étoit une
des Terres du Comte Julien,
ce fut par là qu'il introduisit
les Mores en Espagne, qui ap-
pellerent sa Ville & le païs des
environs Algezire, d'un mot
Arabe qui signifie Isle. Les
Espagnols disent que c'étoit
autrefois la demeure des Rois
de Tarsis, & que c'étoit de là
d'où Salomon tiroit les principales richesses de sa Cour :

mais la raiſon & l'hiſtoire tant ſainte que profane, ne leur ſont pas favorables dans cette rencontre. Les Mores s'y ſont maintenus depuis l'an 713. juſqu'au 25. Mars 1344. qu'Alfonſe XI. Roi de Caſtille les en chaſſa : mais avant de s'embarquer pour retourner en Afrique, ils firent ſauter une forstereſſe conſiderable qu'ils y avoient élevée.

Il y a encore une autre Ville à cinq lieuës de Gibraltar, plus grande & plus peuplée que celle-ci, que Tariff General des Mores y fit bâtir, lorſqu'il établit la domination de ces Infideles en Eſpagne, & la nomma de ſon nom. Voilà ce que j'avois à dire des Provinces d'Eſpagne, il me reſte encore à parler de ſes principales Iſles.

CHAPITRE XIX.

*Des Isles de Majorque, de Mi-
norque & d'Iviça, ou Evisse.*

CEs Isles que les Anciens
appelloient Beleatres,
formoient autrefois un Roiaume particulier , que le Roi
d'Arragon enleva aux Sa-
rasins en l'année 1230. les Rois
d'Espagne en sont aujourd'hui
les maîtres , comme Rois
d'Arragon. On dit que le
terroir de ces Isles a une
proprieté particuliere , qui
est de ne pouvoir nourrir
aucune bête venimeuse.

L'Isle de Majorque est la
plus considerable des trois ,
elle a environ cinquante

lieuës de circuit, vingt dans
sa plus grande longueur & .
quinze de large. La Ville capitale porte le nom de l'Isle,
elle est honorée d'un Evêché, d'une Cour des Mon-
noïes & du séjour du Viceroi
de toutes les Isles. Elle a aussi
un bon Port de Mer, & les
habitans passent pour les
meilleurs Pirates de la Me-
diterrannée.

Celle de Minorque, peut
avoir douze lieuës dans sa
plus grande longueur, neuf
en largeur & trente-cinq de
circuit. Elle abonde en gros
bêtail principalement en mulets. Sa Ville capitale est Ci-
tadella, qui n'est pas à beaucoup prés si considerable que
Majorque.

Celle d'Iviça ou Evisse, est

située à quatorze lieuës à l'O-
rient du Cap Saint Martin ;
elle a environ vingt-sept
lieuës de circuit, dix de long
& six dans sa plus grande largeur ; elle abonde en bled,
vin, fruits, & en sel. Sa capitale porte le nom de l'Isle ;
elle a à son midi la petite
Isle de Fromentera, qui n'est
point habitée à cause d'une
quantité prodigieuse de gros
Serpens dont elle est remplie, quoi-qu'il ne s'en
trouve point dans les trois
grandes Isles dont je viens
de parler : si c'est la proprieté du terroir, il faut que celui-ci differe de beaucoup
de l'autre : il y en a qui veulent que les premiers habitans de Majorque, Minor-
que & Iviça depeuplerent

ces Isles de Serpens, en les
faisant porter dans l'Isle de
Fromentera, parce que se-
lon leurs opinions, ils ne
devoient faire mourir aucu-
nè bête, crainte que l'ame
de leurs ancêtres n'y resi-
dât : & cependant ils ne pouvoient point avoir de commerce familier avec ces animaux venimeux, qui les de-
soloient continuellement.

CHAPITRE XX.

Du Roiaume de Portugal.

Portu-
gal.

LE Roiaume de Portugal est situé à l'Occident de l'Espagne, dont il faisoit autrefois la sixiéme partie ; il a environ cent dix lieuës de longueur & cinquante dans sa plus grande largeur, & bien qu'il soit un des plus petits Etats de l'Europe, il en est pourtant un des plus considerables par rapport à la bonté de son air qui est doux & temperé, & à la fertilité

Qualité
du ter-
roir.

de son terroir : il est arrosé de plusieurs belles rivierés entr'autres de celles de Minho, Duero, Tage & Guadalquivir,

dalquivir , & produit quan_
tité de Bled , Vin, Huile , Ci_
trons , Oranges douces &
aigres,& toute forte de fruits:
fon Sel & fes Chevaux ne
font pas de moindres richef_
fes , & outre cela il a des mi_
nes d'or & d'argent ; car les
Romains venoient chercher
autrefois en Portugal, ce que
les Portugais vont querir au_
jourd'hui dans les Indes.

Ce Roiaume a de fort beaux
Ports de Mer qui lui fervent
à ramaffer les richeffes du
vieux & du nouveau monde;
les principaux font ceux de
Lifbonne à l'embouchure du
Tage , & de Porto à l'em_
bouchure du Duero. Ses bor_
nes font la Galice au Nort,
la Caftille , Leon , l'Eftra_
madure & l'Andaloufie au

V

Levant, & le grand Ocean
au Couchant & au Midi.

Les Portugais ont un a-
mour pour leur Roi digne
de loüange ; ils ne font ni fi
fuperbes ni fi. prefomptueux
que les Efpagnols , & les E-
trangers trouvent beaucoup
plus de focieté avec eux qu'a-
vec leurs voifins. Ils font fort
entreprenans, principalement
fur Mer , les conquêtes qu'ils
ont faites dans les Indes O-
rientales & Occidentales en
font des preuves convaincan-
tes; & quoi-que les Efpagnols,
les Anglois & les Hollandois
leur aient enlevé quelques-
unes de leurs Colonies , ils
n'ont pú y éteindre leur re-
putation ni leur langue qui
eft la plus generalement re-
çûë dans les Indes. Nous de-

vons aux Portugais l'inven-
tion de naviger par la hauteur
du foleil.

La Religion Catholique
Romaine, eſt la ſeule permi-
ſe en Portugal, quoi-que cependant il y ait quantité de
Juifs qui ne ſe font pas connoître pour tels , & qui s'y
tiennent pour participer au
gain du grand commerce des
Portugais : comme ils craignent toûjoûrs de tomber entre les mains de l'Inquiſition
qui les fait brûler vifs, ils ne
vont guere par la Ville ſans
un gros chapelet à la main,,
& frequentent les Egliſes par
politique. Les Juifs qui ont
embraſſé le Chriſtianiſme, ni
leurs enfans, ne peuvent exer-
cer aucune Charge de Juſtice
que par une grace ſpeciale.

du Roi, où pour de fignalez
fervices rendus à l'Etat. Cependant il s'en trouve plufieurs que Sa Majefté Portu-
gaife emploie, & j'ai connu
tres - particulierement fon
Refident à Amfterdam, qui
profeffe ouvertement le Ju-
daïfme.

Les Portugais font tous habillez de noir avec le manteau, l'épée & le poignard
au côté, à peu prés comme
les Efpagnols ; mais le Roi
& la Cour font habillez à la
Françoife.

J'ai déja remarqué que le
Portugal produit quantité de
Citrons & d'Oranges douces,
mais je n'ai pas dit que l'o-
rigine de ces fruits que nous
appellons en France Orange
de Portugal, vient de la Chi-

ne , aussi les Hollandois & les Allemans les appellent *Cina Appel*, c'est à dire Pommes de la Chine ; il n'y a pas encore quarante ans que les Portugais apporterent de ce Païs-là , la premiere greffe de ces Fruits qui a tellement multiplié qu'on voit aujourd'hui des forêts entieres de ces arbres en Portugal.

Les Espagnols avoient introduit l'usage des Mules en Portugal & y avoient presque détruit les haras ; mais aprés que ce Roiaume eut secoüé le joug de ses voisins, le Roi de Portugal voiant le préjudice que l'Etat en recevoit, défendit de se servir des Mules ; les Ecclesiastiques pretendant n'être pas sujets à cet Edit, s'adresserent à Sa

Majesté Portugaise, & alle-
guerent quelques Privileges
pour s'empêcher d'obeïr dans
ce rencontre ; le Roi leur
répondit qu'il ne pretendoit
point d'abolir leurs Privileges, dans la possession des-
quels il les confirmoit : mais
en même-tems ce Monarque
fit publier un autre Edit portant défenses sous peine de
la vie, à tout Maréchal de
ferrer aucune Mule ni Mulet
dans l'étenduë du Roiaume,
ainsi Messieurs les Ecclesiaf-
tiques se virent obligez ou de
se défaire de ces animaux, ou
d'être leurs maréchaux eux-
mêmes : cependant cette défense n'a pas été reguliere-
ment observée, puis qu'il y
en a encore beaucoup ; mais
neanmoins les chevaux y sont

plus communs qu'ils n'étoient du tems des Espagnols.

Le Roi de Portugal tire un profit considerable du commerce que ses sujets font des Negres de Guinée, avec les Espagnols qui les achetent pour s'en servir à tirer l'or & l'argent des Mines du Perou & du Mexique : car on a mis un si gros impôt sur cette marchandise humaine, que chaque Negre, qui sur les lieux ne vaut qu'environ soixante écus, en coûte plus de deux cent avant qu'ils soient sur les terres des Espagnols.

La monnoïe de Portugal est differente de celle d'Espagne ; ils ont accoûtumé de conter tout par *Reés* : la pistole vaut deux mille Reés ; un Real Marcado six cens Reés,

une Crusade qui est environ
l'ecu de France, cinq cens
Reés, ou cinq Testons; car
le Teston vaut cent Reés, &
le Vingtin, qui est la plus petite monnoie, vaut vingt Reés;
de sorte que lors qu'on achete
te pour dix pistoles de marchandises, on vous donne un
compte de vingt mille Reés,
qui étonnent d'abord l'étran-
ger, qui ignorant la Langue
& cette maniere de compter,
ne s'attache qu'au chiffre.

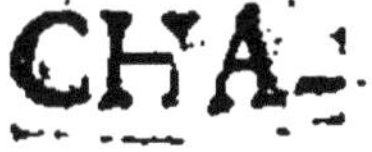

CHA-

CHAPITRE XXI.

Du gouvernement & des Rois de Portugal.

LE Gouvernement de Portugal est entiere- ment Monarchique, aussi-bien que celui d'Espagne, le Roi étant Prince absolu & indépendant. Ce Roïaume eut le malheur d'être la proie des Mores aussi-bien que l'Espagne, qui en ont joüi jusqu'au commencement du douziéme siecle, qu'Henri de Bourgogne, petit fils de Robert Roi de France les en chassa, & en fut couronné Roi. Alfonce I. son fils assembla les Etats du Roïaume

à Lemago , où l'on fit une
loi pour exclure les Princes
étrangers de la Couronne de
Portugal ; & que faute de
successeurs legitimes, les fils
naturels des Rois succederent
à leur Pere , dont l'histoire
nous en fournit quelques e-
xemples , entr'autres Jean
premier , surnommé le Pere
de la Patrie, qui succeda à
Ferdinand son frere en 1385.
Depuis l'expusion des
Mores , le Portugal fleurissoit
& commençoit déja à don-
ner de la jalousie aux Espagnols, lorsque malheureuse-
ment le Roi Don Sebastien ,
qui n'avoit point d'enfans,
resolut à la persuasion de Philippe II. Roi d'Espagne, de
passer en Affrique à la tête
d'une armée pour combatre

les Mores : & aiant rencon-
tré celle de ces Infidelles à
Alcacer le 4. Août 1578. on
y donna cette sanglante bataille, qui fut funeste à trois
Rois ; car le Roi de Maroc
qui y étoit fort malade, se
fit mettre sur un cheval pour
voir le combat & y mourut,
son fils y fut tué peu d'heures aprés la mort de son Pere,
& le Roi de Portugal y fut
perdù ; car on n'a jamais sçû
s'il fut tué , prisonnier, ou
noié avec partie de son armée ; dont il ne s'échapa
personne.

Aprés cette journée si fa-
tale au Portugal, le Cardinal
Henri, grand oncle du malheureux Sebastien , fut couronné dans une extrême vieil-
lesse : la mort lui aiant ravi

X ij

la Couronne & la vie une
année aprés ; ce qui donna
lieu aux plus proches parens
du sang Roial de reveiller
leurs pretentions ; mais Philippe II. profitant de la foiblesse de tous ces pretendans,
tourna toutes ses forces contre le Portugal, où il envoia
le Duc d'Albe avec une puis-
sante armée, qui contriagnit
les Portugais de le reconnoître pour leur Souverain en
1581. aprés lui avoir presenté
un memoire au sujet du Gouvernement afin qu'il le jurât;
il portoit entr'autres choses,
que Sa Majesté se remarie-
roit à une personne du Païs ;
qu'il y envoieroit le Prince
son fils pour l'y faire élever ;
que le Roiaume de Portugal
demeureroit toûjours separé

de celui de Castille ; qu'il
auroit sa monnoie particulie‑
re ; qu'on retireroit toutes les
garnisons Espagnoles des pla‑
ces du Roiaume, où l'on en
tiendroit de Portugaises, &
qu'on aboliroit certaines Im‑
positions qu'on avoit mises sur
le peuple.

Philippe promit tout ce
qu'on voulut, bien resolu
de ne rien tenir ; Philippe III.
son fils & Philippe IV. qui
lui succederent, redouble‑
rent le mécontentement des
Portugais, soit en les mépri‑
sant, soit en les surchargeant
de gros Imposts, de sorte
que ne pouvant plus suppor‑
ter leur gouvernement tiran‑
nique, ils prirent occasion
de secouer le joug du tribut
qu'on vouloit exiger du cin‑

quiéme denier de tout leur
commerce, & de ce que
les Espagnols ne vouloient
pas permettre aux Portugais
de negocier dans quelques
endroits des Indes soûmis à
leur domination ; tout cela
joint au zele de la liberté, &
à l'antipatie qu'il y a entre
les deux Nations, oblige-
rent environ deux cents personnes des plus considerables
du Roiaume, de faire soûle-
ver le peuple contre les Espagnols, qui se trouvoient
embarassez en Catalogne par
la rebellion des Catalans, &
de mettre le Duc de Bragan-
ce sur le Trône qui lui appartenoit legitimement, étant
le plus proche parent du Sang
Roïal. Cette affaire fut conduite si secretement, que quoi-

qu'il s'écoulât plus d'un an
avant de la mettre à execution, les Espagnols n'en eurent aucun vent ; & il y a
ceci de particulier, que pendant que les Confederez qui
étoient à Lisbonne, se saisis-
soient du Palais & des principaux Espagnols le premier
Decembre 1640. criant, *Li-* Re-
berté, liberté, vive le Roi Don prend sa
Juan quatriéme ; dans le mê- liberté.
me moment, dis-je, ce Prin-
ce qui étoit à Evora dans la
Province d'Alentejo, y fut
proclamé Roi, de-même que
dans toutes les principales
Villes du Roiaume, & dans
toutes les Conquêtes des Portugais, en Asie, en Afrique
& en Amerique, à la reserve
de la seule Ville de Ceuta en
Afrique, parce que le Gou-

verneur qui étoit Espagnol ,.
n'avoit pas été du complot.
Aprés Dieu & la vigoureuse
resolution de la brave Noblesse de Portugal, ce Roiaume est redevable de sa liberté aux secours que les Rois
de France & d'Angleterre lui
ont donnez, pour opposer aux
forces des Espagnols.

Le Roi Jean IV. qui fut
surnommé le Fortuné regna
seize ans, & laissa deux fils,
Alfonce-Henri & Pierre : ce
premier aiant succedé à son
pere, & n'étant pas trouvé
capable ni de regner, ni de
donner des sucesseurs à la
Couronne, les Etats du Roiaume prierent le Prince Pierre
qu'ils appelloient Don Pedro, de prendre le Gouvernement du Roiaume , qui es-

fectivement avoit befoin d'un homme de fa capacité pour le preferver de fa totale ruï-ne : mais il ne voulut jamais l'accepter qu'à condition que la dignité Roiale refteroit at-tachée en la perfonne de fon frere aîné pendant fa vie, ne voulant pour fon particu-lier que la qualité de Regent qu'il accepta le 22. Novem-bre 1667. Ce procedé qui doit fervir d'éxemple à tous les Princes, lui acquit le cœur de fes fujets & l'amour & la veneration des Etrangers : mais Alfonce étant mort quelques années aprés, Don Pedro prit la qualité de Roi qui n'étoit pas moins dûë à fa vertu & à fon merite qu'à fa naiffance. Il avoit époufé du vivant de fon frere, Ma-

rie Elisabeth Françoise de
Savoie, fille du Duc de Ne-
mours, avec dispense du Pape, parce que cette Princesse
avoit épousé Alfonce frere
du Roi en 1666. mais comme
il étoit impuissant, & qu'elle
n'en avoit jamais été connuë,
son mariage fut déclaré nul
en 1668. Elle eut une fille avec
le Roi Don Pedro, qui mourut il y a environ deux ans.
Ce Prince a épousé en secon-
des noces une Princesse de la
Maison de Neubourg, sœur
de l'Imperatrice & de la Reine d'Espagne, dont il a un fils
qu'on nomme le Prince de
Bresil.

Le Roi de Portugal prend
ordinairement les qualitez sui-
vantes dans les Patentes qu'on
expedie en son nom. Roi de

Portugal & des Algaves, deçà & delà les Mers d'Afrique, Prince du Bresil, Seigneur de Guinée, de la Navigation, Conquêtes & Commerce d'Ethiopie, d'Arabie, de Per- se, & des Indes. Son Pa- villon est une Croix rouge, en champ d'argent, & son E- tendar de guerre est cinq écussons, chargez des cinq plaies de Nôtre-Seigneur. Le revenu du Portugal n'est que d'environ huit millions neuf cent mille livres, outre les revenus de la Maison de Bra- gance, qui ne sont pas unis à la Couronne, & qui peuvent monter à deux cent cinquan- te mille livres.

CHAPITRE XXII.

*De la Ville de Lisbonne, &
de quelques autres choses remarquables en Portugal.*

Lis-
bonne.

CE florissant Roiaume a
pour sa Capitale Lis-
bonne avec Archevêché &
Parlement, qui est située sur
les bords du Tage, dont la
largeur & la profondeur lui
forment un Port considerable, puisqu'à la faveur du flux
& reflux de la mer qui en est
à cinq lieuës, il reçoit les plus
gros vaisseaux. La Ville est
bâtie sur le penchant d'une
montagne en forme d'amphi-
theatre, commandée par le
Fort de Saint Jean. Les ruës

y font étroites & mal propres, & partie de la Ville eft
encore enceinte des murailles que les Mores y avoient
élevées. Quelques Auteurs
veulent que cette Ville fut
bâtie par Uliffe aprés la prife
de Troie, qui la nomma Ulif-
fiponne : quoi-qu'il en foit,
elle eft aujourd'hui une des
plus confiderables & des plus
marchandes de l'Europe, &
les Portugais ont accoûtumé
de dire que *qui no ha vifto Li-*
boa, no ha vifto cofa boa;
Ce'ft-à-dire, que qui n'a pas
vû Lifbonne, n'a rien vû de
bon. Elle a environ deux
lieuës de long fur le bord de
la riviere; mais elle n'eft pas
à beaucoup prés fi large.

Le Palais Roïal eft fitué au
bas de la Ville, aiant vûë fur

le Port ; c'est un bâtiment assez regulier, & où l'on voit
des pieces de Peinture, de
Sculpture & d'Architecture
qui ne peuvent se paier : en
un mot la magnificence écla-
te plus à la Cour de Portugal
qu'à celle d'Espagne. Lors
que le Roi doit sortir, un
trompette va le matin sonner
dans tous les endroits où Sa
Majesté doit passer ; si c'est
la Reine, un Fifre & un Tam-
bour font la même chose ; &
un hautbois precede la marche des Infans ou Infantes.

J'étois à Lisbonne en 1680.
lors que les Etats du Roiaume dérogerent pour une fois
seulement & sans consequen-
ce pour l'avenir, à loi de Lemago, dont j'ai parlé dans
le chapitre precedent ; c'é-

toit en confideration du mariage de l'Infante Elifabeth
Marie.Loüife, qui venoit d'ê-
tre fiancée à Victor - Ame-
dée-François Duc de Savoie,
qui fut enfuite rompu, dans
le tems que les vaiffeaux que
ce Prince avoit envoiez en
Portugal pour querir fa nouvelle époufe, étoient à l'an-
chre devant Lifbonne. Dans
le même-tems on y eut nouvelle que le 23. Janvier 1680.
la Ville de Muflipatan dans
le Roiaume de Golconde,
avoit été fubmergée; qu'il y
avoit péri plus de vingt.cinq
mille perfonnes, & que pendant plus de deux heures il
y étoit tombé une groffe
pluie de fang.

L'Eglife Cathedrale de Lisbonne dediée à Saint Vin-

cent, n'a rien d'extraordinaire, que son antiquité & un
Tronc où l'on jette des au-
mônes pour nourrir quelques
corbeaux, en memoire, dit-
on, de ce que Saint Vincent
aiant souffert le martire en
Portugal, on jetta son corps
à la voirie, & les corbeaux
bien loin d'en faire leur pâ-
ture, le garderent jusqu'à ce
que quelques personnes l'en-
leverent & le porterent à
Husca prés de Valence en
Espagne, d'où il étoit origi-
naire. Ce qu'il y a de certain, c'est que j'ai vû dans la
même Eglise un corbeau &
une corneille, enfermez dans
une Chapelle par une grille
de fer, & lors qu'on leur jette
un sol, ils le ramassent avec
le bec, & le vont jetter dans
un

un Tronc sur lequel on lit *la*
limosna para el entretenemiento
de los Corvos.

A demi lieuë de Lisbonne Belem,
sur le bord du Tage, en tirant vers la Mer, il y a un
petit bourg qu'on nomme Belem, recommandable à cause
que c'est le lieu où les Rois
& les Reines de Portugal sont
enterrez : leurs mausolées
sont dans l'Eglise des Hieronimites, qui est toute revê-
tuë de marbre blanc.

Proche de Belem il y a
une Tour dans la riviere, mu-
nie d'artillerie, qui corres-
pond à un autre petit fort
de l'autre côté de la riviere,
pour empêcher l'entrée du
Port aux vaisseaux ennemis.
Il y a encore plusieurs autres
forts le long de la riviere.

jusqu'à la mer : le plus confiderable eſt celui de Sainte Ca-
therine, à l'embouchure du
Tage, qui répond au Fort
de Bois ainſi nommé, parce
qu'il eſt bâti dans la Mer ſur
pilotis, munis de bonne artillerie qu'ils tirent à fleur-
d'eau.

Il y a un Lac prés de Beja
entre le Tage & la Guadiane, où l'on pêche de gros

poiſſons noirâtres, qu'on
nomme Turtures ; lors que
le tems eſt diſpoſé à la pluie
ou à quelque grand orage,
il ſort de ce Lac un bruit
ſemblable au mugiſſement
d'un Taureau, que l'on en-
tend à cinq à ſix lieuës à la
ronde.

Il y a un autre Lac ſur la
montagne de Strella, où l'on

trouve souvent des débris de navires ; comme mats, voiles, anchres , &c. bien-que la mer en soit à plus de treize lieuës.

La fontaine de Cedima à sept à huit lieuës de Coimbre, merite bien d'avoir place dans mes remarques, & de faire la clôture de ce volume , puisqu'elle engloutit tout ce qui touche son eau ; on en a souvent fait l'experience sur des arbres & autres choses de cette nature ; & un Gentilhomme Danois ne voulant pas le croire , voulut un jour y faire entrer son cheval pour l'abreuver : il s'étoit cependant précautionné de lui mettre une corde au col, & une autre à une jambe, qu'il avoit at-

tachées à des gros anneaux de
fer plantez dans la terre à
quelques pas de cette four-
ce : mais à peine ce pauvre
animal y fut entré, qu'il fe
vit attiré par cette eau avec
une force fi extraordinaire,
qu'une des cordes rompit,
& l'autre ne retint qu'un pied
du cheval qui fe fepara du
jaret ; & il n'en falut pas davantage pour diffiper l'incredulité du Danois, qui s'en retourna à pied.

CHAPITRE XXIII.

*Qui contient quelques remar-
ques omifes dans le corps
de l'ouvrage.*

En corrigeant les épreu-
ves de ce volume, je me
fuis apperçû que j'avois ou-
blié plufieurs petites remarques qui n'étoient pas moins
dignes de la curiofité du Lecteur, que beaucoup d'autres
que j'ai marquées ; ce qui
m'a engagé d'y joindre ce
chapitre, pour lui fervir de
fupplement.

Le Port de Sainte Marie
dans la Baie de Cadix, eft
plus frequenté que celui de
Cadix même, à caufe de la

facilité que les Marchands y trouvent à frauder partie des droits d'entrée & de sortie : mais il n'y a que le Roi qui y perde, parce que les Marchands ont soin, par quelques presens, de fermer les yeux aux Commis ordonnez pour la Recepte des droits Roiaux.

Ce qui augmente ordinairement le crime de ceux qui ont le malheur de tomber entre les mains de l'Inquisition, c'est leur bien : ceux qui en ont doivent perir sans misericorde, car il n'y a point de Tribunal dont les procedures soient si severes & si injustes, puisque l'on y condamne un homme au foüet, à une prison perpetuelle, ou à être brûlé, sans lui dire le sujet

pourquoi, ni sans lui confron-
ter aucun témoin.

On n'expose aucune dan-
rée en vente les jours de
marché dans la Ville de Madrit, qui n'ait été taxé auparavant ; & si quelqu'un ayoit
vendu les siennes au delà de
la taxe, elles seroient confis-
quées & le vendeur mis à l'a-
mande. Le Roi tire pour ses
droits, un huitiéme du prix
du vin, du pain, de la viande
& des autres danrées, & chaque chose a ses Fermiers à
part, ce qui fait qu'on prend
du pain en un endroit, pendant qu'on cherche du vin
dans un autre.

Les Ambassadeurs & les Ministres des Princes Etrangers
sont exemts de tous ces impôts, sont logez aux dépens

du Roi d'Espagne, & ont beaucoup d'autres privileges ; les habitans de Madrit tâchent de se rendre necessaires à ces Ministres, afin de tirer par le moien de leurs Officiers, quelque avantage dans l'achat de leurs provisions.

C'est en vertu d'une Bulle du Pape, que les Espagnols mangent le Samedi les foies, les pieds, les aîlerons, & ce que nous appellons la petite oie, moiennant huit sols par tête pour chaque année. Ce privilege se renouvelle tous les ans, & porte un profit considerable dans les coffres du Roi ; il y en a quantité qui paient la Bulle, sans profiter de la permission, n'aiant souvent pas dequoi acheter du pain.

Les

Les femmes Espagnoles ont ESPA-
GNE. des corps de jupe qui leur montent presque jusqu'au menton, & sont échancrez par derriere jusqu'à la moitié des épaules : elles ont presque toutes la tête nuë, les cheveux natez qui pendent negligemment, & des pendants d'oreille de ruban. Il n'y a gueres que les femmes de qualité qui aient du linge, au moins qui paroisse : elles ont le pied fort petit, & ne laissent voir qu'un œil sous leur voile, qui sert à les conduire. Leurs vertugadins sont si larges, que lors que deux femmes se rencontrent dans une ruë un peu étroite, elles ne s'embarassent pas moins que s'il y avoit deux charettes chargées de paille.

Si un cavalier entroit chez
un Marchand, & qu'il y trou-
vât quelque Dame qui fit
emplete, il feroit de fon honneur, ou pour mieux dire de
fa galanterie, de s'offrir de
paier ce qu'elle acheteroit,
à moins qu'elle ne fût ac-
compagnée d'un autre hom-
me; car en ce cas, il n'eft
pas même permis de leur parler ni de les faluer.

Les carroffes des Efpagnols
font prefque tous couverts de
toile cirée, & tirez par de
longs traits de corde, qui
embaraffent fouvent les car-
refours de Madrit.

Les Efpagnols font fiers, &
reviennent mal-aifément de
leurs premieres impreffions;
ils facrifient fouvent la juftice
à leur interêt. Le commun

peuple est insolent à l'égard
de ses superieurs, superstitieux
jusqu'à baiser la robe de tous
les Moines qu'ils rencontrent
par les ruës, qui le leur per-
mettent sans resistance ; ils ne
se plaignent jamais de leur mi-
sere, & on y trouve quantité
de gens plus enclins à y reme-
dier par le vol que par un tra-
vail honnête : mais les défauts
de ceux-ci, ne doivent pas
diminuer la vertu, la probité
& les autres belles qualitez
des Espagnols, à qui on a
donné de bons principes dans
leur jeunesse ; puisqu'il y en a
quantité dont toutes les actions sont autant d'éxemples
pour les honnêtes-gens.

F I N.